動画付き改訂版

陸上競技
スプリント

走りが変わる最強のコツ50

青山学院大学陸上競技部
短距離ブロック総監督
安井年文 監修

メイツ出版

はじめに

　生身の身体で勝負できるスプリントは、シンプルで人間の尊厳に最もかかわっている運動といえる。走ることは生きることの根幹であり、すべての運動の基本だ。

　本書では走りの技術や、スプリンターの身体づくりのためのトレーニングなどを50個のコツに分けて紹介する。青山学院大学の練習時間は短く、強豪校の半分くらいとして知られる。量より質を重視し、効率的なトレーニングで技術の向上を目指しているのが特徴だ。また選手それぞれが体格、走り方、目指す試合、性格などが違うことを把握し、テーラーメイドの練習を行っている。その重要性についても記し、大学トップレベルの選手が行っているトレーニングや走りについての考え方が参考になれば幸いだ。

　本書を参考に、自分に合った走りと練習法を見つけ、目標を持って取り組めば記録は向上することだろう。コツをつかみ、可能性を伸ばしてほしい。

大学トップレベルの練習を取り入れ、自己最速の走りを手に入れよう

本書の使い方

本書では理想的且つより速く走るために必要な練習メニューやテクニックの身につけ方などを解説。また、毎日続けることでスプリンターとしての身体をつくれるトレーニングやストレッチなども掲載。本書を開いたらすぐに実践できるように、連続写真やポイントとなる動きの写真などでページを構成している。

コツ01〜50
全部で50項目のコツを掲載。1つ1つ実践することでレベルアップにつながる！

タイトル
競技や練習法のコツが一目でわかるタイトル。練習のポイントを探しやすい。

メイン写真
連続写真やそのトレーニングのポイントとなる動きの写真を掲載。重要な動きや必要な練習をイメージしやすいのが特徴。

本文
ページで紹介しているトレーニングや練習法を解説。ひと通り読めば特徴なポイントがわかる。

理想のフォームを徹底分析

PART 2 コツ09 腰をローテーションし走りにつながる歩行をする

Check Point▶
① 足を前に出したときに腰が前に入り押し出される
② クロスウォーキングで腰のローテーションを
③ 接地した足をしっかり伸ばし、体重を乗せる

動画をチェック！

腰を左右交互に前に出し、ローテーションして歩く

腰を使って乗り込み体重移動を覚えよう

スピードを上げるために大事なコツがいくつかあるが、その中でも地面に足裏を着く、接地の局面は重要で、足の着き方と連動した腰の出し方がポイントだ。走りの中でスムーズにできるよう、歩き方から練習してクセをつけておこう。地面に足を着くときは、足裏はカカトから入り、ヒザが伸びた状態で体重が乗り、足の後ろ側がピンと伸びるイメージ。足を前に出すときは、足先から前の方に着くイメージではなく、足の付け根のさらに上、腰から前にグンと出す意識を持つ。足裏が地面に着いたら、足の真上に腰がどっしりと乗るように。この「乗り込み」の感覚が重要なので、ウォーキングでしっかり覚え、走りにつなげよう。

22

4

スマホ、タブレットで動画をチェック！
二次元コードを読み取る

二次元コードつきのテクニックは、二次元コードをスマートフォンやタブレットなどの端末で、読みとることで映像を見ることができる。

スプリントのための歩行

Point ① 足を前に出したときに腰が前に入り押し出される

右足を出したときには、骨盤の右側が前に出て腰が入り、腰が内側に軽くひねられるような感覚。前に出した右側のお尻から腰の辺りまでが押し出されているようになる。最初は片方ずつでもいいので、タイミングと腰の入れ方をマスターしよう。

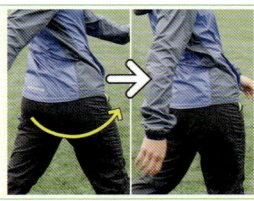

Point ② クロスウォーキングで腰のローテーションを

腰を入れる練習として、前に出した足の直線上にまっすぐ足を着く、クロスウォーキングをすると腰を回転させて前に出しやすくなる。左右交互に腰を入れて、腰をローテーションさせて歩くと、走るときも足が前に出やすく、体重移動もスムーズ。

Point ③ 接地した足をしっかり伸ばし、体重を乗せる

走るときは、接地の足を棒のように真っ直ぐに着き、地面からの反発力も使ってスピードを出す。そのために歩いているときから、しっかりとヒザを伸ばし、体重を乗せるようにしよう。カカトの上に腰が乗り、後ろ足は自然に地面を軽く押す程度。

NG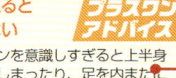

身体の軸がぶれると力が発揮できない

腰のローテーションを意識しすぎると上半身まで内側に入ってしまったり、足を内または して着いてしまったり、アンバランスになりがち。ここまでのコツで体幹を意識して軸をつくってきたことを生かし、まっすぐに歩こう。上半身はひねらずに、常に前を向く。

23

トレーニングや練習法の名称など

どんなトレーニングや練習法が掲載されているか一目でわかり、知りたいポイントが目につきやすい。

Point1.2.3

メイン写真上に掲載されている「Check Point」の詳細を写真付きで解説。

プラスワンアドバイス

トレーニングの際、注意すべきポイントやアドバイスを写真付きで解説。間違えた動きには「NGマーク」が表示。

※本書は2021年発行の『「走り」が変わる! 陸上競技 スプリント 最強のコツ50 新装版』を元に加筆・修正を行い、動画の追加、書名・装丁を変更して新たに発行したものです。

CONTENTS

PART 1

スプリントが もっと 面白くなる!

青山学院大学陸上競技部短距離
安井監督と
学生トップクラスの
藤森選手、島田選手、杉浦選手に
記録を伸ばす秘訣を聞く

※インタビュー取材は2015年のもの

PART 1 コツ01 理想の動きや目標を持ち 速く走れる喜びを感じる

走ることは運動の基本 練習すれば記録が伸びる

——スプリントの魅力はどんなところにありますか？

安井監督 世界中の人の中で「かけっこ」をしたことのない人はいないのではないでしょうか。隣り合わせで、ときにはヒジや肩があたり競り合って勝ったときの喜び。勝敗を生身の身体で勝負できるスプリントは、シンプルで人間の尊厳に最もかかわっている運動。走ることは生きることの根幹であり、すべての運動の基本です。

小学校でもかけっこの速い子は人気があ

りますよね。誰が見ても1番とわかる。わかりやすい競争の楽しさや喜びがあると思います。

——選手のみなさんはどんなときに喜びを感じますか？

藤森選手 小学生のころはただ速く走りたいという思いでしたが、中学のころから目標を持ち始め、目標を達成したときの純粋な喜びは何よりもうれしいです。伸び悩む時期がきたら小さな目標を見つけること。それが達成できたら、嬉しくなり、前向きになれると思います。走っているだけ、悩んでいるだけではもったいない。

島田選手 スプリントは一瞬で終わる競技です。ちょっとでも失敗したら終わり。最初にフォームが崩れたら、その後が続かない。完璧が求められる競技だと思います。それだけに、自分が思い描いた動きができたときの喜びは大きいです。

杉浦選手 記録が伸びたときの喜びが一番大きいです。高校2年生のときに、突然良い記録が出て速くなり、そこから走るたびに良い記録が続きました。結果が出ない時期があるとしても、ちょっとしたきっかけで突然タイムが伸びるときがあるので、諦めずに練習をしっかりやっていれば、必ず記録は伸びると思います。

PART 1
コツ02

量より質を重視
意味のある1本を走る

走りの意識や感覚を持ち
集中して質の高い練習をする

——青山学院大学は練習時間が短いのに全国上位の成績を出せるのはなぜですか？

安井監督 授業がない日の全体練習は9時〜12時半で、強豪大学の半分くらいの練習時間です。日本の旧体質である、団体練習は効率が悪い面があり、科学的データやトレーニングを取り入れ、量より質を重視しています。競馬の競走馬の練習は、1日1本、2本を全力で走り、その中で技術の向上を目指すといいます。スプリンターは馬ではありませんが、ス

ピードを上げた集中したトレーニングで、効率の良い練習ができます。カールルイスなど、海外のトップ選手の練習を視察したときも練習時間が短かく驚きました。その分、質にこだわります。1本でも考えずに無駄に走ると、やり直し。地面に1歩着くタイミング、感触もしつこく言いますよ(笑)　質を上げれば、タイムは速くなってきます。

——自分の走りの大事にしている感覚や意識はありますか？

藤森選手 ピッチも保ちながらストライドを広く保つために「脚が胸から生えている」と思い、体幹や腹筋もトレーニングしながら上半身も上手く使えるようになりました。骨盤や股関節もしっかり使うように意識しています。

島田選手 ただドリルや補強を行うだけでなく、骨盤を動かし、そこに脚が着いてくるイメージを持って1つひとつの動きをやっています。常に身体の調子は理解しています。

杉浦選手 脚を前に引き出すことを意識し、後半のつらいときは、腕振りを重視をしてしっかりと大きく速く動かすようにしています。高校のときに記録が伸びたころの走りをイメージして、また同じような走りで記録が伸びればと思っています。

PART 1 コツ03 特性や個性を理解し個人メニューを考える

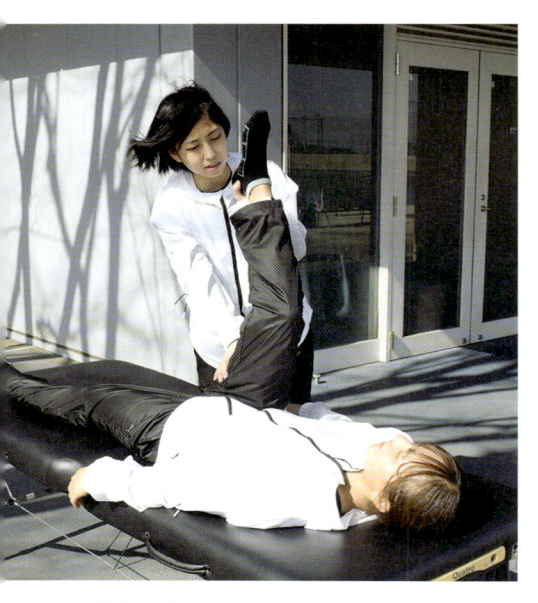

やかなので、長所の足の回転を生かした走りを磨く練習が中心です。人間の走り方は、子どものころから変わらないもの。大きな変化は難しく、指導は、その人の走りの中で効率の良い動きを追い求め、微調整の作業をするものと理解しています。

——走る本数や内容は選手自身でも調整していますか？

藤森選手 自分が何をしたらいいか、体と対話しながら、調子も把握して調整します。身体に変わったことがないか、感覚を大事にしています。脚が痛くなってからでは遅いので、違和感がある時点で無理をせず、治療をしていく、など相談しています。

島田選手 陸上競技は感覚で成り立っているものだと思います。自分の今日の調子と試合前までの日程を常に考えています。アップのジョグで調子が悪くても、ドリルで持ち直し、動けるようにコンディションを整えています。調子の良いときは、その感覚を残せるように本数を少なく切り上げることもあります。

杉浦選手 自分の走りが前半型なので、とくに調子の良いときは練習のときも、最初から飛ばすようにして試合のテンポをつくるようにしています。

個性を生かした練習は調子によっても変える

——選手1人ひとり練習メニューが違うのはなぜですか？

安井監督 選手の特性や個性に見合ったテーラーメイド型の練習をしています。全体で同じ練習メニューを集団でこなすようなことはあまりありません。選手のレベルや筋肉の使い方、試合日程や環境なども異なるからです。

藤森選手は、股関節の筋力と柔軟性を生かした走りですが、杉浦選手は股関節や足首がかたく、ストレッチもほとんど行いません。身体がかたくても走りがかろ

PART 1
コツ04 絵や練習記録を用い 客観的に自分を見る

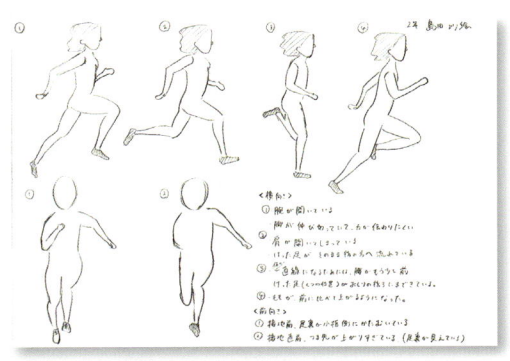

島田選手が描いた自分の走りの特徴

差のすり合わせ作業も行います。方法の1つとしては、選手に走りの理想のフォームを絵に描いてもらいます。イメージが湧いている選手はきれいなフォームの絵を描けますが、間違ったイメージを抱いていたり、どのように改善して良いかわからない選手は上手く描けず、課題意識がわかります。自分の動きに関心を持ち、客観的に見るトレーニングが必要です。練習日誌やデータを読むことで、自分の走りや練習が適しているか判断できます。

客観的データを残し 改善のヒントにする

──試合だけでなく練習の記録もつけていますか?

安井監督 練習の記録は今後の練習の組み立てに役立てるだけでなく、選手がどんな練習を重ねて改善されたか、どんなイメージや感想を持って練習をしていたか、意識を再確認するためにも必要です。リレーノートもあり、タイムやスタート地点の歩数だけでなく、選手が意見をまとめ共有しています。

選手が自分の走りを客観的に考えることも重要で、主観と客観的数値データとの

──練習の記録はどんな風に役立てているか、リレーノートを見せてもらえますか?

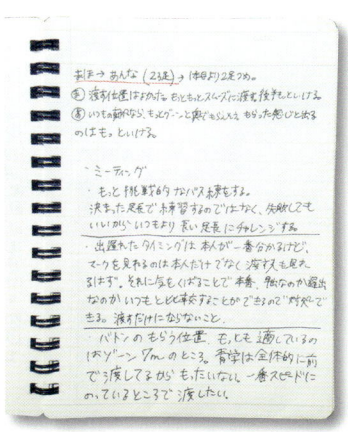

藤森選手：何歩手前で、スタートを切ったかだけでなく、選手間で話し合った今後の課題なども記しています。

PART 1 コツ05 私生活の相談も テーラーメイドで

悩みや不満を抱えて 走らない環境にする

──練習だけでなく、ふだんの生活で気をつけることはありますか？

安井監督 入部して記録が伸びる選手が多いのですが、とくに大学1年生のときは環境や心境の変化があり難しい年頃だと思います。女子選手には女性のカウンセラーが話を聞くなど心理ケアもしています。たとえば、失恋や授業単位が修得できないなどの悩みがあれば、上手く走れないものです。でもそれは、人間だからこそ、ありえること。心と体を一元化でとらえ、理解して、テーラーメイド型で良い方向に指導できればと思います。

　私生活や身なりに対してはうるさく言いません。自由な校風もあり、茶髪や金髪も許しています。競技に集中していくと、染めることが面倒臭くなり、たいがい辞めるのですが(笑)　私生活はある程度の遊びを持たせ、練習は集中してやっています。

──私生活で気を付けていること、工夫していることは何ですか？

藤森選手 テレビ出演などもあり、注目されるようになったので、しっかりと生活し、アスリートとしても結果を出さないとダメだと思っています。感情は抑えずに、落ち込んだことがあったら悲しい曲を聴いて泣いて心をすっきりさせています。

島田選手 高校のときと比べて、太りやすくなったと感じ、自炊のメニューも栄養バランスを考えています。朝昼はしっかり食べ、夜はごはんを少な目に。勉強と両立するために、ときどきは自炊ではなくおかずを買ったりして時間をつくるようにやりくりしています。

杉浦選手 1年生のころは自炊に手間取ったこともあり、3時間くらいの睡眠でコンディションをつくれませんでした。今では日曜日にまとめておかずを作りストックして、12時には就寝し、6時間の睡眠時間を確保しています。

PART 2

理想の
フォームを
徹底分析

下記URLより動画一覧にジャンプすることができます。

https://gig-sports.com/category/tfs/

※ 二次元コードについては、お手持ちのスマートフォンやタブレット端末
　バーコードリーダー機能、または二次元コード読み取りアプリ等をご活
　用ください。

※ 機種ごとの操作方法や設定等に関するご質問には対応しかねます。その
　他、サーバー側のメンテナンスや更新等によって、当該ウェブサイトにア
　クセスできなくなる可能性もあります。ご了承ください。

※ YouTube の視聴には、別途通信料等がかかります。また、圏外でつなが
　らないケースもあります。あわせてご了承ください。

※ 本動画の権利は株式会社ギグに属します。再配布や販売、営利目的での
　利用はお断りします。

PART 2 コツ06 理想の走り方の基本になる 正しい立ち方を身につけよう

動画をチェック！

Check Point▶
❶背中で手のひらを合わせ肩まわりを柔らかく
❷手をクロスし頭の上で手のひらを合わせる
❸姿勢やストレッチは横からの状態も確認

前、横から見ても頭からまっすぐ吊されているイメージで

ストレッチを取り入れ 正しい姿勢を意識しよう

スプリンターが理想の走り方を極めるためには、まず日ごろの姿勢や立ち方の基本を身につけること。上半身と下半身をつなぐ骨盤の位置や腕振りの起点となる肩甲骨まわりの柔軟性が大きく影響する。正しい立ち方は、踵をつけ、アゴを軽く引いたときに、背筋や腕がまっすぐ地面から垂直になっていること。頭から1本のヒモで吊されているイメージだ。このとき、両肩が前に猫背にならないように注意。腰が曲がり骨盤が寝てしまわないようにしっかり立て、肩甲骨の下側を寄せる意識で胸を張ろう。前から見たときに、左右の肩の高さが地面と水平になるように。簡単なストレッチを取り入れ日頃から正しい姿勢を意識しよう。

Point ① 背中で手のひらを合わせ 肩まわりを柔らかく

両方の肩甲骨の間で手の平を合わせて胸を開く。両肩を後ろに引くと手のひらを合わせやすい。骨盤のまっすぐ上に肩甲骨があるイメージで行う。前後、左右に重心がぶれないように。きつい場合は低い位置からじょじょに高さを上げてみよう。

Point ② 手をクロスし頭の上で 手のひらを合わせる

手をクロスさせて両手のひらを合わせて、頭の上で腕を伸ばす。両腕が耳の横にくるように意識し、まっすぐ上に引き上げる。首が前に倒れたり、上半身が左右に曲がらないように気を付け、背中全体を使って伸ばそう。

Point ③ 姿勢やストレッチは 横からの状態も確認

肩やアゴが前に出ていないか横からも確認する。日頃の姿勢やストレッチを確認するときに、前からの左右の傾きだけでなく、横からの状態をパートナーに見てもらうなどして骨盤や肩甲骨の位置をチェックし正しい姿勢を身につけよう。

NG

猫背やアゴが前に出ると 腕振りの動きが悪くなる — プラスワンアドバイス

腰が後ろに曲がって骨盤が立っていないと上半身と下半身のお互いの力を連動しにくくなったり、肩甲骨まわりがかたいと腕振りが小さくなったりしやすい。立ち方が歩きや走りの基本になるので、ふだん立っているときも姿勢に気を付けよう。

PART 2 コツ07 体幹を意識しエクササイズ ぶれない軸をつくろう

Check Point▶
① 両手を真横に広げ重心バランスを意識
② 両手を上に伸ばしバンザイの姿勢で確認
③ 片足立ちで重心を確認しバランスを取る

丹田（おへその下）に力を入れた両足ジャンプで軸をつくる

動画をチェック！

その場ジャンプで ぶれない軸を意識する

スプリンターが力を最大限に発揮するためには、体の軸づくりが大切。体の幹となる土台が安定していないと、足や手の動きが生きてこないだろう。軸をつくるための動きをやってみよう。足を肩幅に開き、丹田（へその下）を手で押さえ、お腹をひっこめるように力を入れ、その場ジャンプを何度か繰り返す。身体が1本の棒になっているように、上半身もぶれることなく真上に跳ぶ。足の裏全体で着くが、母指球（親指の付け根の下）を中心にバランスを取る。ほかにもバンザイの姿勢や片足立ちなどの簡単なエクササイズで、体幹を意識する方法や重心の取り方がわかるようになる。基礎練習の前に取り入れ、軸を意識してみよう。

Point ① 両手を真横に広げ 重心バランスを意識

両手を体側から真横に上げ、肩から手の先が地面と水平になるようにする。背筋を伸ばし、猫背にならないように注意する。上半身と下半身をつなぐ、大腰筋などのインナーマッスルをギュッとしめるようなイメージで、体幹を意識して立つ。

Point ② 両手を上に伸ばし バンザイの姿勢で確認

手を横から上に伸ばし、バンザイの姿勢をとっている身体が一本の棒になっている意識で、足から手の先までまっすぐに。ヒザが曲がってお尻が落ちたり、背中をそらないように気を付けよう。このときも丹田を意識し体幹を使っていることを感じよう。

Point ③ 片足立ちで重心を確認し バランスを取る

ツマ先をまっすぐ前に向け、逆の足のヒザを伸ばしたまま前に上げる。顔は正面を向き、両手は真横に開く。足裏全体で地面をとらえ、母指球を中心にバランスをとる。グラグラとしないように体幹を使って身体を安定させる。軸足を変えて両方行う。

NG

肩より前に両手があると 正しい重心がとれない

プラスワンアドバイス

バンザイをするときに両手の先が肩より前に出ないように注意。猫背になったり、腰をそったりもしないこと。手の先からまっすぐな1本の棒をイメージすると、体幹を中心に胴体もまっすぐに安定し、体の軸ができてくる。常に体幹を意識しよう。

PART 2 コツ08 上半身の柔軟性を養いしなやかな動きにつなげる

動画をチェック!

Check Point▶
1. 肩甲骨を意識し最初はできる範囲まで
2. 静的ストレッチで肩のまわりも柔らかく
3. 反るだけではなく背中を丸めてほぐす

タオルの両端を持ったまま、胸の前から背後にまわす

タオルを使い肩まわりを柔らかく

肩甲骨まわりの柔軟性によって肩の可動域が変わり、大きな腕振りができたり、上半身がスムーズな動きになる。まわりの筋肉も柔軟性がないと肩甲骨の動きが鈍くなるので、肩から背中、腰までをトータルにほぐしておくことが必要だ。**1本のタオルの両端を持ち、胸よりも両手が外側に広がるくらいの長さに調整する。腕を伸ばしたまま頭上に上げ、タオルを握ったまま背後にまわし腰までおろす。**はじめはタオルを長めに持ち、左右のどちらか柔らかい方を先にまわすなど調整しよう。柔軟性が高まってきたら、タオルを両手で平行に持ったまま、後ろにまわしてみよう。慣れてきたら後ろから前方向にも行い、何度か繰り返す。

Point ① 肩甲骨を意識し 最初はできる範囲まで

はじめはタオルの両端を持ち、腕を伸ばしたまま頭の上からじょじょに後ろにまわしていこう。勢いをつけて無理に腰までおろさず、ゆっくりと倒せる範囲までのストレッチにし、少しずつ可動域を広げていく。タオルの長さでも調整しよう。

Point ② 静的ストレッチで 肩のまわりも柔らかく

ストレッチを行うときは、伸ばす筋肉のまわりの筋肉や反対側、相反する筋肉もいっしょにストレッチするとさらに柔軟性が高まる。ヒザ立ちの状態から、両手のひらを地面に着き頭も中に入れて、肩まわりのストレッチを。息を吐きながら行う。

Point ③ 反るだけではなく 背中を丸めてほぐす

2のストレッチの状態から、手のひらを少しヒザに近づけ、さらに顔を中に入れ背中を丸めてストレッチする。肩のまわりだけでなく、腰の方も伸ばされてほぐれる。2と3のストレッチを両方行い、上半身の背後全体の柔軟性を高めていこう。

プラスワン アドバイス

身体は前を向き 腕を伸ばし正しい姿勢で

タオルを後ろにまわすことが目的ではないので、正しい姿勢でストレッチをしよう。短く持ちすぎると窮屈になるので、タオルを長めに持ち無理のない範囲で行う。身体はまっすぐに前を向いたまま、上半身が左右にぶれたり、ヒジが曲がらないように注意。

PART 2 コツ09 腰をローテーションし走りにつながる歩行をする

Check Point▶
① 足を前に出したときに腰が前に入り押し出される
② クロスウォーキングで腰のローテーションを
③ 接地した足をしっかり伸ばし、体重を乗せる

動画をチェック！

腰を左右交互に前に出し、ローテーションして歩く

腰を使って乗り込み体重移動を覚えよう

スピードを上げるために大事なコツがいくつかあるが、その中でも地面に足裏を着く、接地の局面は重要で、足の着き方と連動した腰の出し方がポイントだ。走りの中でスムーズにできるよう、歩き方から練習してクセをつけておこう。地面に足を着くときは、足裏はカカトから入

り、ヒザが伸びた状態で体重が乗り、足の後ろ側がピンと伸びるイメージ。足を前に出すときは、足先から前の方に着くイメージではなく、足の付け根のさらに上、**腰から前にグンと出す意識を持つ。足裏が地面に着いたら、足の真上に腰がどっしりと乗るように。この「乗り込み」の感覚が重要なので、ウォーキングでしっかり覚え、走りにつなげよう。**

Point ① 足を前に出したときに 腰が前に入り押し出される

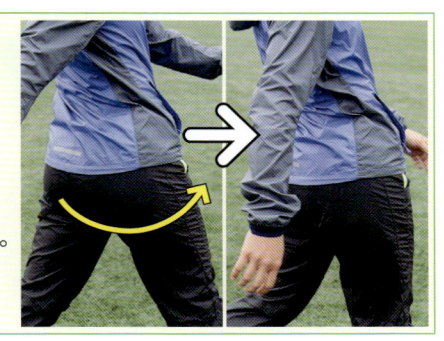

右足を出したときには、骨盤の右側が前に出て腰が入り、腰が内側に軽くひねられるような感覚。前に出した右側のお尻から腰の辺りまでが押し出されているようになる。最初は片方ずつでもいいので、タイミングと腰の入れ方をマスターしよう。

Point ② クロスウォーキングで 腰のローテーションを

腰を入れる練習として、前に出した足の直線上にまっすぐ足を着く、クロスウォーキングをすると腰を回転させて前に出しやすくなる。左右交互に腰を入れて、腰をローテーションさせて歩くと、走るときも足が前に出やすく、体重移動もスムーズ。

Point ③ 接地した足をしっかり 伸ばし、体重を乗せる

走るときは、接地の足を棒のように真っ直ぐに着き、地面からの反発力も使ってスピードを出す。そのために歩いているときから、しっかりとヒザを伸ばし、体重を乗せるようにしよう。カカトの上に腰が乗り、後ろ足は自然に地面を軽く押す程度。

身体の軸がぶれると 力が発揮できない

プラスワンアドバイス

腰のローテーションを意識しすぎると上半身まで内側に入ってしまったり、足を内またにして着いてしまったり、アンバランスになりがち。ここまでのコツで体幹を意識して軸をつくってきたことを生かし、まっすぐに歩こう。上半身はひねらずに、常に前を向く。

PART 2 コツ10 股関節と腕の振りを使い 速歩でフォームをつくる

Check Point▶
❶ 股関節の使い方とキックの仕方を覚える
❷ 徐々に走りに近い腕振りでスピードアップ
❸ 速歩のときも腰を入れローテーションを速く

動画をチェック!

腕を大きく振り、股関節と腰を使って速く歩く

速歩は腕を振り込み リズム良く

ゆっくりとした歩きから、スピードをつけた速歩にステップアップしていく。腰のローテーションの動きをしっかりと使い、股関節も動かし、やや大きく速く足を出していく。接地のときにヒザが曲がらないように気を付ける。歩きながらスピードを出すには上半身と下半身のバラ

ンスが鍵になり、腕の振り込み動作が重要。走るときの腕の使い方につながるので意識しよう。**コツは前に出した腕を下におろすときにアクセントを持ってくること。身体のバネも使い、腕を下に振り込むときに足が地面に接地し、グン、グンと連動してリズム良く歩くこと。**腰の高さと頭の高さが上下動しないように気を付け、一定の高さをキープしよう。

Point ① 股関節の使い方とキックの仕方を覚える

足を前後に開き、前側のヒザを曲げ、両手を腰にあてる。後ろ足は軽く曲げた状態から伸ばすときに、母指球を中心に地面を押し出し、そのタイミングで前足の踵を上げて腰を入れる。股関節の運動と腰の入れ方、キックのタイミングを理解しよう。

Point ② 徐々に走りに近い腕振りでスピードアップ

腕振りは下におろすときにアクセントを置く。だんだんと肘をたたんで走りに近い状態にしてスピードを出していく。腰や頭の位置が上下に動かず、同じ高さを保って流れるように歩いていく。肩も上下動せず、左右にぶれないようにしよう。

Point ③ 速歩のときも腰を入れローテーションを速く

スピードが出ているときに、腰のローテーションがおろそかになるのではなく、腰のローテーションが速くなり、足が速く出てくるイメージで。お尻から押し出される感覚で、腰の動作から、股関節を大きく使って足を前に出している意識を。

ヒザが曲がって腰が落ちつぶれないように

プラスワンアドバイス

走るときには接地したときにヒザが伸び体重が乗ることで、地面の反発力も使う。速く歩くときも、ヒザが曲がってつぶれてしまうと前方向への力が出ない。猫背や顔が下向きだと腕振りも小さくなる。ヒザを伸ばし腰の位置も高く保って歩こう。

PART 2 コツ11 正しいフォームの歩きからジョギングに移行する

Check Point▶
① 接地と股関節を意識しスピードを上げていく
② 歩きからジョギングへ身体はやや前傾に
③ 腕の振り込みも使い上下のバランスを取る

動画をチェック！

股関節の動きを意識し、速歩からじょじょにジョギングへ

速歩の動きから ジョギングへ移行

　スピードを上げて走る前に、ジョギングで正しい足の出し方や着き方を身につけ、**スピードアップしても基本の動きが変わらないようにしよう。速歩のコツを生かして、歩きからジョギングへ移行していくのがポイント。**歩きのときは前に出す足と後ろの足が両方、地面をとらえている局面があるが、走りは脚のバネも使い、やや跳ねるようなイメージで宙に浮く時間が生れる。上に跳ねず、頭と腰の位置がなるべく上下に動かないよう注意。前に出した足の方に素早く体重移動し、地面を蹴るよりも、地面の反発力も使って乗り込むイメージで。接地のときにヒザがつぶれて腰が落ちないよう、歩きのときと同じように気をつけよう。

Point ① 接地と股関節を意識しスピードを上げていく

接地は足裏全体だが、ジョギングでスピードが出てくるとヒザを使って前方向に跳ねるようなイメージになり自然とカカトが浮いてくる。前側の振り上げる脚は股関節を使い、ヒザは上ではなく、斜め前に出す。この連続でジョギングをしていく。

Point ② 歩きからジョギングへ身体はやや前傾に

速歩で股関節やヒザ、接地の仕方のポイントを意識し、そのままジョギングにじょじょに移行していく。アゴを軽く引き、目線は下を見ず正面を保つ。スピードが出てくると自然にやや前傾になり、体重移動もスムーズになっていく。

Point ③ 腕の振り込みも使い上下のバランスを取る

走りの後半などで疲れてくるときに腕でリードするくらい、腕振りは重要。腕を下に振り下ろすときに足が接地して力が入るよう、タイミングを合わせよう。肩には力を入れないように。上半身と下半身をうまく連動させてバランスを取ろう。

NG ヒザがつぶれると振り上げ足も前に出ない

プラスワンアドバイス

ジョギングに変わると、接地で蹴り出そうとする気持ちが強くなり、地面を踏みしめてしまいがち。ヒザがつぶれてしまうと、反対の振り上げ足も前方向に出しにくい。地面をとらえる脚のヒザは伸ばして反発力も使い、振り上げ足も股関節を使って前に出そう。

PART 2 コツ12 バネを走りに生かすため 身体のバネの感覚を養う

動画をチェック！

Check Point▶
❶ 空中に浮いているときも姿勢が変わらないように
❷ 足首の動きだけで真上に軽く弾む
❸ ヒザは伸ばしたまま両足先が前に出ないように

ヒザを伸ばし、その場で連続ジャンプし身体のバネを感じる

▌足首を使った ジャンプでバネを確認

しなやかな動きやスピードを出すためには、身体のバネを上手く利用することが必要だ。足を肩幅に開き、両手を腰にあて、20cm程度浮くくらいに小さな両足ジャンプを繰り返してみよう。ヒザの曲げ伸ばしでジャンプするのではなく、足首だけを使って素早く跳ねる。身体の中に大きな消しゴムが入っていて弾力と地面からの反発力を使ってジャンプするイメージで。体幹も意識し上半身、下半身がぶれることなく1本の棒が上下しているように跳ねる。繰り返していくと、飛び跳ねる意識をしなくても弾んでいく感覚になり、身体のバネが感じられるだろう。このバネを走りに生かせるように、走る前にバネを確認してみよう。

Point ① 空中に浮いているときも姿勢が変わらないように

顔は正面を向き、両手を腰にあて前から見ても横からみても身体が「く」の字にならないように、1本の棒を意識して弾む。地面に接地しているときも、空中に浮いているときも同じ姿勢を保とう。同じ位置に両足をつけるようにバランスをとる。

Point ② 足首の動きだけで真上に軽く弾む

ジャンプ力を鍛えるトレーニングではなく、弾む感覚を養うことが目的。ヒザや腕の振り込みを使わず足首だけを使って跳ねる。地面を押しているので、足首は少し伸びるが蹴る意識よりも、身体のバネの弾力性で弾み続けていることをイメージする。

Point ③ ヒザは伸ばしたまま両足先が前に出ないように

ヒザを伸ばしたまま、真上に跳び同じところに着地する。足首だけを使ってヒザを伸ばすことを注意すると、腰を曲げて両方の足先が前に出てしまうことがある。ヒザから下も地面に対して垂直にまっすぐになるように。内股、外股にも気を付けて。

NG

着地で踏み込んだりヒザの力で飛ばない

プラスワンアドバイス

足の裏をベタっと地面に着き、ヒザの曲げ伸ばしを使って飛び上がるのではなく、足首だけで軽く弾む。高く飛びすぎないこと。タン、タン、タンとリズム良く弾もう。無理に蹴ろうとすると身体が回ったり、着地で前に出たりするので注意しよう。

PART 2 コツ13 身体のバネの感覚を持ちジャンプから走りにつなぐ

Check Point▶
① カカトを上げた歩きでバネを感じる
② 接地のときもバネを推進力に変える
③ 腕もしっかり振りバネを走りに生かす

動画をチェック！

その場ジャンプをしてから歩き、走りにつなげる

バネの感覚を生かしジャンプから続けて走る

その場小刻みジャンプでバネの感覚をつかんだら、そのまま歩き出し、さらにジョギングにつなげる一連の動きをやってみよう。ヒザを伸ばし、足首だけで弾んだ感覚を生かして、リズム良く歩く。通常に歩くときより踵が上がり、地面を踏みしめて足首が返ったり、ヒザがつぶ

れて腰の位置が低くなったりしないはずだ。慣れてきたら、小刻みジャンプからそのままジョギングにつなげ、腕も振り込み、バネの感覚を生かして走ってみよう。走るスピードは、ジョギング程度から、全力の50%〜60%くらいの流しくらいでも良いだろう。小刻みジャンプと走りの動きが別のものにならないように、バネの感覚を使って走ることがポイント。

Point 1 カカトを上げた歩きでバネを感じる

速歩をするとすり足のようになりがちだが、小刻みジャンプをしてバネを感じながら歩き出すとカカトが上がり、足が前に出やすくなる。ヒザや腰が曲がりそうなときは、カカトを上げる意識を持つか、もう1度小刻みジャンプからやってみよう。

Point 2 接地のときもバネを推進力に変える

ヒザを使ったバネで飛ぶように走るのではなく、接地のときもなるべくヒザは伸ばし足首を使って前に進む。踏みしめて蹴り出さずに、体幹や全身のバネを使って弾む力を推進力に変えていく。歩くときも走るときもリズム良く軽やかに。

Point 3 腕もしっかり振りバネを走りに生かす

上半身と下半身のタイミングをとり、腕もしっかり振り込んでタン、タン、タンとリズムよく走る。スピードが出てくると身体はやや前傾になり、地面から弾む感じを持ったまま走る。走るときに大股のジャンプ走にならないように気をつけよう。

NG

ヒザと腰が曲がって沈むとスピードが出ない

プラスワンアドバイス

間違ったバネの意識の仕方をすると、ヒザと腰が曲がり、走っているときも、ヒザの力で真上の方向に弾もうとしてしまう。小刻みジャンプのときと同じようにヒザを伸ばし、身体の中のバネを使って前方向に進む。そうするとスピードも出しやすくなる。

PART 2 コツ14 歩き、速歩、ジョギング、走りまでを連結してみよう

1 腰の回転を使って歩く

身体の軸を意識して、とくに上半身がぶれないように歩く。足の裏はカカトから地面に着き、ヒザが伸びた接地のときに腰が真上にきて体重が乗る。乗り込みと腰のローテーションを使って歩く。じょじょにスピードアップ。

▶コツ9（P22、23）参照

2 腕を振り込み速歩

腰のローテーションに加えて股関節も大きく動かし速歩に変えていく。腕の振り込みも重要。振り下ろす方にアクセントを持ち、上半身と下半身を連動させリズム良く速く歩く。頭が上下動しないように気を付け、ジョギングへ。

▶コツ10（P24、25）参照

これまでのコツを一連の動きでつなぎ、理想の走り方を身につけよう。身体の軸を意識した正しい姿勢から、腰のローテーションと腕の振り込みを使った歩き、体重移動を意識した速歩、バネを生かす走りまでトータルに磨こう。

③ バネを使いジョギング

速歩までのフォームを意識しながら、身体のバネも使い、弾んだ感覚を生かしてリズム良くジョギングする。ヒザがつぶれて腰の位置が低くならないように。かろやかに前方に弾み、スピードをつけ走りに移行する。

▶コツ12（P28、29）参照、コツ13（P30、31）参照

④ 理想のフォームで走る

これまで分けて学んできたことをまとめて、自然な流れで走る。いきなり走りのフォームを直すのは難しいが、歩きからの腰のローテーションや腕振り、バネのあるジョギングからテンポを上げてリズム良く走る。

PART 2
コツ15
7割程度の「流し」で走りのフォームを確認する

動画をチェック！

6〜7割程度のスピードの流しでフォームをチェック

基本の動きを流しの走りで仕上げる

歩きから走りまでの一連の動きを習得したら、全力の6〜7割程度のスピードの「流し」の走りをして、接地や腕振り、バネを使ったリズムの良い走りができているか確認しよう。距離は100m〜150mくらいで、基本の動きを思い出しながら最初はゆっくりと走り始め、じょじょにスピードを上げていく。小刻みジャンプを数回繰り返してバネを意識してから走っても良いだろう。それぞれのコツを分習して覚えた感覚が残っているうちに、ある程度のスピードで2〜3本走っておくと、身体になじみやすい。スパイクで流しをする前にアップシューズで走っておくと良いだろう。

Point ① 基本練習の後に流しでフォームをつくる

歩きから走りまでの一連の動きを習得したら、そのままスピードを上げて走っても良いだろう。動きの感覚があるうちに通して走ること。スプリントのスピード練習に入る前に基本の動きをみにつけ、リズム良く走り、その日の調子も見極めよう。

タイムを伸ばす
テクニックと
ポイント

PART 3
コツ16
競技の特性を知った上で各種目に挑戦してみよう

Check Point▶
❶ 100mは初期加速からトップスピードを上げる
❷ カーブを走る技術で200mの記録を縮める
❸ 400mはペース配分とスタミナ勝負

100m、200m、400mの中でも適正やペース配分がある

種目に合った
スピードや技術を磨く

スプリントは100m、200m、400mがあり、リレーでは4×100mリレー、4×400mリレーが一般的な種目だ。ピッチ（足の回転数）×ストライド（歩幅）で決まる、スピードをいかに出せるか、持続できるかが記録を左右する競技。種目による特性を理解しておこう。100mは「トップ

スピード」の速さとスタートダッシュからの加速が重要。200mは直線よりカーブの方が長く、カーブ独特の走り方やコーナーの抜け出し方にポイントがある。400mはスピードを維持できるよう、筋持久力や心肺機能もアップさせたい。適正種目を見つけながらも、複数種目の練習で相乗効果が生まれることもあるので、それぞれ挑戦してみよう。

Point ① 100mは初期加速から トップスピードを上げる

スプリントの中でも最も短い100mは高い疾走スピードを維持するだけではなく、ピッチ×ストライドの両方を磨き、最大スピードをより速くすることが大事。スタート直後は前傾姿勢で加速をし、50mくらいまでにトップスピードを出せるかが鍵となる。

Point ② カーブを走る技術で 200mの記録を縮める

200mもスピード勝負だが、カーブの走り方で記録に差が出てくる。カーブに沿って走るのではなく、直線をつなぐようなコース取りや、内側に身体を倒す内傾の走り方などを覚えよう。ある程度の筋持久力も必要で100mと併用している選手が多い。

Point ③ 400mはペース配分と スタミナ勝負

400mはトップスピードを上げることよりも、高いスピードを持続することが鍵。前半に抑えすぎても後半に伸びるとは限らないので、自分のスタイルや調子によってペース配分を考える。筋持久力や心肺機能もアップし後半の失速を防ごう。

得意種目を見極めながら ほかの種目にも挑戦 — プラスワンアドバイス

スプリント経験の長いトップ選手などは種目を1本に絞ることもあるが、成長期とともに運動能力に変化が起こったり、種目によって記録の壁にぶつかったり、急に伸びることもある。複数種目に挑戦しながら、自分に合った種目を見つけてみよう。

PART 3 コツ17 適したセッティングとクリアランスを見つける

Check Point▶
❶ セットの前から背筋をまっすぐに
❷ ブロックの面に対し垂直にキックする
❸ 自分に合うブロックの位置に調整する

動画をチェック!

NISHI

一般的なミディアムスタートから調整してみよう

ブロックの位置を決め 適したセットをする

コンマ1秒を争うスプリントでは、ピストルに素早く反応し、加速につながるスタートダッシュが肝心。そのためには姿勢が重要になり、スムーズに足を出せる形を見つけよう。スタートブロックのセッティングは前足の位置がスタートラインから2足長くらいが基本。一般的な

ミディアムスタートでは、後ろ足を前足から1足長下げた位置にセットする。スタートで深い前傾姿勢をとり、低い姿勢の方が加速しやすい人は、1足長半くらい下げると足が出やすい。セットの前から背筋をまっすぐにし、「セット」で腰を上げたときに、肩が手首の直線上よりわずかに前にくるように。基本の姿勢から始め、自分に合った位置に調整していこう。

Point ① セットの前から 背筋をまっすぐに

「セット」で背筋を伸ばすのではなく、「オン・ユア・マークス」の姿勢のときから背筋が丸まらないように伸ばしておく。肩が手首の真上よりもやや前にくる位置に合わせよう。顎を軽く引き、手を着く位置は肩幅よりやや広めにすると安定する。

Point ② ブロックの面に対し 垂直にキックする

ブロックの前足は40〜45度くらいにセットしキックする。前足より、後ろ足の方のブロックの傾きを高くしよう。推進力の方向は、前足の傾きの面に対して垂直に飛び出す。体重のかけ方は手に6割、足に4割くらいを目安にし出やすい形を見つけよう。

Point ③ 自分に合うブロックの 位置に調整する

ブロックの位置は足を置き、自分で調整する。前足がスタートラインから2足長、後ろ足が前足より1足長が基本だが、前後に調整してみよう。スタートのタイムやパートナーに見てもらうことも必要だが、自分がスタートしやすい感覚も大切。

低いスタートで 力を発揮する選手も

プラスワン アドバイス

スピードスケートのスタートで腰が高い人、低い人がいるようにスタートの出やすさはタイプによって違う。背が高い人は低くでると遅く、加速に時間がかかることも。後ろ足を下げ、深い前傾姿勢でスピードに乗るタイプもいるので見極めよう。

PART 3 コツ18
10mまでの前傾姿勢で初期加速をする

Check Point▶
1. 低いスタートで初期加速につなげる
2. 腕振りも使って前方向に飛び出す
3. 低い姿勢から少しずつ身体を起す

動画をチェック!

スタートから前傾姿勢を保って加速する

ブロックを垂直方向に蹴って前傾スタート

スタートブロックをキックし、10mくらいまではトップスピードにつなげる初期加速になる。40〜45度くらいの傾斜のブロックを垂直に方向に蹴り、**すぐに身体を起して立ち上がるのではなく、そのまま前傾姿勢を保ったまま、前に倒れる力も利用して加速をしていく。**前傾姿勢のまま、しっかり地面をとらえていこう。前傾の角度は人によって違うので、力の入れやすさやスピードを踏まえて走りやすい形を見つけよう。目線は意識しすぎることはないが、顔が上がると上体が起きやすいので軽く顎を引き、走るレーンの先が視界に入るように。10mくらいからじょじょに身体が起きてきて、さらなる加速につながる走りをしよう。

Point ❶ 低いスタートで初期加速につなげる

ミディアムスタートは背筋が45度くらいの角度で飛び出すが、深い前傾の方がスピードが出る場合、地面と平行くらいまで倒しても良い。上体が起きないように気をつけ、前に倒れる力を推進力に利用して加速しよう。自分に合うスタートダッシュで。

Point ❷ 腕振りも使って前方向に飛び出す

接地で地面を押し出して加速するためにも、しっかりと腕振りを使うこと。前傾を保つことばかりに気をとられないように。腕を振り込み、足は歩幅が狭くなりすぎないように気を付けて、上半身と下半身の力を連動させて加速していこう。

Point ❸ 低い姿勢から少しずつ身体を起す

10mくらいまでの初期加速で前傾を意識するが、次の加速でいきなり身体を起すのではなくじょじょに姿勢を変えていく。練習のときにはポールやマークを置き、5m、10mなどの距離がわかるようにしておくと初期加速や中間走などの意識がしやすい。

ブロック面を垂直キックでスタート

プラスワンアドバイス

低い姿勢をとることに集中しすぎるとスタートで頭が低くなりすぎ前のめりになることも。ブロックのキックの方向は真横や斜め下ではなく、ブロック面から垂直方向に蹴ると最も力が入る。スタート時の前傾姿勢をキープする気持ちで初期加速しよう。

PART 3 コツ19 二次加速を生かしトップスピードへ

Check Point ▶
① 初期加速からゆっくり身体を起す
② 脚の回転数を上げスピードを出す
③ 腕振りは大きさより切り返しを速く

動画をチェック！

前傾姿勢から徐々に起こし40m付近でトップスピードに

腕の切り替えしも速め二時加速をする

低い前傾姿勢からじょじょに身体を起こし、スピードも上がっていく。*初期加速から30m〜40mくらいで二次加速となりトップスピードに乗れるように流れをつくろう。*身体を起すが、腰を反らないように注意。スピードが出ているときも、やや前傾姿勢になっている。二次加速のときの走りは足の接地をできるだけ前に着き、着いた足にすばやく体重移動できるように。接地の足はベタっとついて踏み込まないようにし、瞬時に乗り込もう。ここで意識するのは腕の振りと足の回転のスピードを上げること。腕を大きく振ろうとすると回転数が落ちてしまう。腕振りの切り返しを速くしよう。肩をリラックスして素早く振ろう。

Point ① 初期加速からゆっくり身体を起す

最初の10mは低い前傾姿勢をとるが、じょじょに身体を起こし20mくらいで顔が正面を向くくらいのペースでゆっくりと起こす。上半身だけを起そうとすると腰が反りやすいので、身体の軸はまっすぐにし、傾きだけを変えていくイメージで。

Point ② 脚の回転数を上げスピードを出す

加速で大事なのは脚の回転数を上げること。接地した足にすばやく体重を乗せ、反対の足も後ろに流れないようにし速く振り出す。できるだけ前方に足を着く意識を持つが、ストライドが間延びするだけにならないよう、回転数と両方意識しよう。

Point ③ 腕振りは大きさより切り返しを速く

スピードを上げようとすると上半身が力み、腕振りが大きくなりやすい。足の回転数と連動して腕振りのスピードを上げるため、引いた腕をすばやく前に振り下ろす、切り返しをすばやくできるように意識しよう。首や肩まわりをリラックスして行う。

プラスワンアドバイス

カラーコーンやマーカーで距離を表示

100mや200mはスタートから距離に応じて意識することが変わってくる。技術練習をするときは、どの区間の局面を走っているのかわかるようにコーンやマーカーを置いて示しておくとわかりやすい。距離によって色を変えると意識もしやすいだろう。

PART 3 コツ20 加速から50m付近で トップスピードに乗る

Check Point▶
1. トップスピードを出しキープする
2. 脚の回転数を速めバランス良く
3. 自然な前傾を保ちヒザがつぶれないように

動画をチェック!

脚を速く回す意識を持ち50m付近でトップスピードに

全体のバランスを保ちトップスピードへ

とくに100mでは一定の速さで走るよりも、中盤のトップスピードを上げることが好記録につながる。50m〜60m辺りで高いトップスピードを出せるかがポイント。しかし50m付近でいきなりスピードを上げるのではなく、このときのスピードは前段階の加速の走りで決まって

くる。中盤のトップスピードの走りでは、**脚の回転を速くすることを心がける程度で、力まずにスピードを維持できるよう全体のバランスを崩さないようにしよう。** ピッチが速く歩数の多い人は後半に伸び悩む傾向もある。ストライドの大きい選手は終盤でさらに伸びる場合があるが、個人に適した走りを見つけ、ピッチとストライドの両方を磨いていこう。

Point ① トップスピードを出しキープする

100mの場合だと50mくらいでトップスピードに達し、そこから80mくらいまでスピードを維持し、終盤までキープできると好記録につながる。序盤にスピードを抑え、後半にスピードを上げようとしてもあまり加速しないので、前半の加速が重要だ。

Point ② 脚の回転数を速めバランス良く

加速時はスピードを上げるため、腕の切り返しなども意識するが、トップスピードに乗ったら足の回転数を上げるくらいの気持ちでとくに上半身はリラックスしよう。無理に地面を蹴り出そうとすると疲労がたまったり、ブレーキングになるので注意。

Point ③ 自然な前傾を保ちヒザがつぶれないように

トップスピードのときは前傾姿勢を意識しなくても、低い姿勢からの加速でスピードが出ていると自然に骨盤が立ち、やや前傾になっている。腰を反ったり、踏み込もうとしてヒザが曲がるとロスになるので、地面の反発力も使いスピードを保つ。

トップスピードはどの種目も磨く

プラスワンアドバイス

ピッチ×ストライドで決まるトップスピードを高めることは、スプリントのどの種目でも不可欠。400mは全力のトップスピードを出すことはほぼないが、スピードを高めた上で筋持久力も備われば強い選手になる。スピード練習もしっかりしよう。

PART 3 コツ21 ゴールは2m先の気持ちで力まずフィニッシュ

Check Point ▶
1. トップスピードの走りをなるべく維持
2. トルソー（胴体）を前に出しフィニッシュ
3. ゴールで胸を張り駆け抜ける気持ちで

動画をチェック！

頭を下げず胴体を前に出しフィニッシュ

減速させずに胴体からフィニッシュ

　ゴールが近づくと、とくにまわりのランナーと競っているときは力んでしまいがち。肩の力を抜き、リラックスして走ろう。中盤で出したトップスピードが終盤では減速してくるもの。トップスピードをできるだけ維持できるように心掛けよう。そのためには脚の回転数をなるべくキープすること。**フィニッシュは心理的にゴールより手前で頭から突っ込みやすい。走るバランスを崩し、減速してしまうので、ゴールは実際のラインよりも2mくらい奥にあるつもりでフィニッシュする。** ゴールはトルソー（胴体）が通過するときに決まるので、頭からではなく胸を突き出すように上半身を前傾にしてフィニッシュしよう。

Point ① トップスピードの走りをなるべく維持

スピードのピークが中盤にくるので後半はスピードがやや落ちてしまう。トップスピードのときのピッチを維持して最後までスピードが落ちないように心掛けよう。ゴール前でまわりの選手に惑わされることなく、とくに上半身はリラックスしよう。

Point ② トルソー（胴体）を前に出しフィニッシュ

ゴールは腕や頭がではなく、胴体がゴールライン上を通過するときにみなされる。上半身を前傾にし胸を張って、胴体からフィニッシュしよう。ゴール手前でフィニッシュしてしまう人が多いので、ゴールの2m先を目指してフィニッシュするのがコツ。

Point ③ ゴールで胸を張り駆け抜ける気持ちで

フィニッシュでバランスを崩してしまう場合は、胸を張る程度でそのまま駆け抜けても良い。ゴールの手前でフィニッシュしたり、減速したりする人もいるので、駆け抜ける場合もゴールが2m奥にあるつもりで最後までしっかりと走ろう。

NG プラスワンアドバイス

ゴール手前のフィニッシュはロス

記録を狙っているレースやほかの選手と僅差で競り合っていると、焦りからゴールよりも手前でフィニッシュをしてしまいやすい。心理的にジャンプするように足を前に踏み込んだりするのも、ブレーキや走るバランスを崩す原因になるので注意。

PART 3 コツ22
トップスピードを 上げることに集中

Check Point ▶
① 50m付近を目安にトップスピードへ
② ピッチ×ストライドでスピードを上げる
③ 100mより短い距離でスピード練習をする

動画をチェック！

加速走で決まるトップスピードは脚の回転が重要

ピッチ×ストライドで トップスピードを維持

スプリンターがいかに速く走れるかは最大に出せるトップスピードにかかってくる。世界レベルの100mスプリンターも、一定のスピードで走っているのではなく、==中盤のトップスピードが速い選手が高記録を出している。トップスピードはピッチ×ストライドで決まり、両方とも向上==

==するのがベストだが、個々に合ったバランスを見極めることが重要。==トップスピードは50m付近でピークに達するのが理想だが、その前の加速の段階の走りによってトップスピードがつくられる。スタートダッシュで前傾姿勢をとり、充分に加速して最大のスピードを引き出そう。後半は力まずにトップスピードをできるだけ維持してフィニッシュする。

Point ① 50m付近を目安に トップスピードへ

スタートの前傾姿勢から上体が起こしながら加速をし、50m付近でトップスピードに乗るのがベスト。平均的なスピードで走るより、中盤により速いスピードのピークを作れるかがポイント。まずはトップスピードに乗せるための加速走を練習しよう。

Point ② ピッチ×ストライドで スピードを上げる

ジャンプ力を鍛えるトレーニングも活用し、弾む感覚を養うことが大事。腕の振り込みを上手く使って跳ねる。地面を押しているので、足首は少し伸びるが蹴る意識よりも、身体のバネの弾力性で弾み続けていることをイメージする。

Point ③ 100mより短い距離で スピード練習をする

100mは前半、中盤でスピードをつくり、トップスピードを維持させるのが鍵になる。練習で100mを何本も走ってペースを考えるよりも、60m〜80mの距離で全速力で走り、スピードに乗ったらピッチを刻む短いスピード練習を中心に走り込もう。

股関節まわりの原動力が重要

プラスワン アドバイス

スプリント競技で最も短い100mは、スピードを磨くことが基本だが、その源となる、股関節まわりの筋肉や柔軟性も高めよう。力強く蹴られたり、ストライドが伸びたり、重要な役目を果たす。スピード練習のケガ予防のためにも念入りにアップしよう。

PART 3 コツ23 コーナー走の左右の脚の使い方を理解する

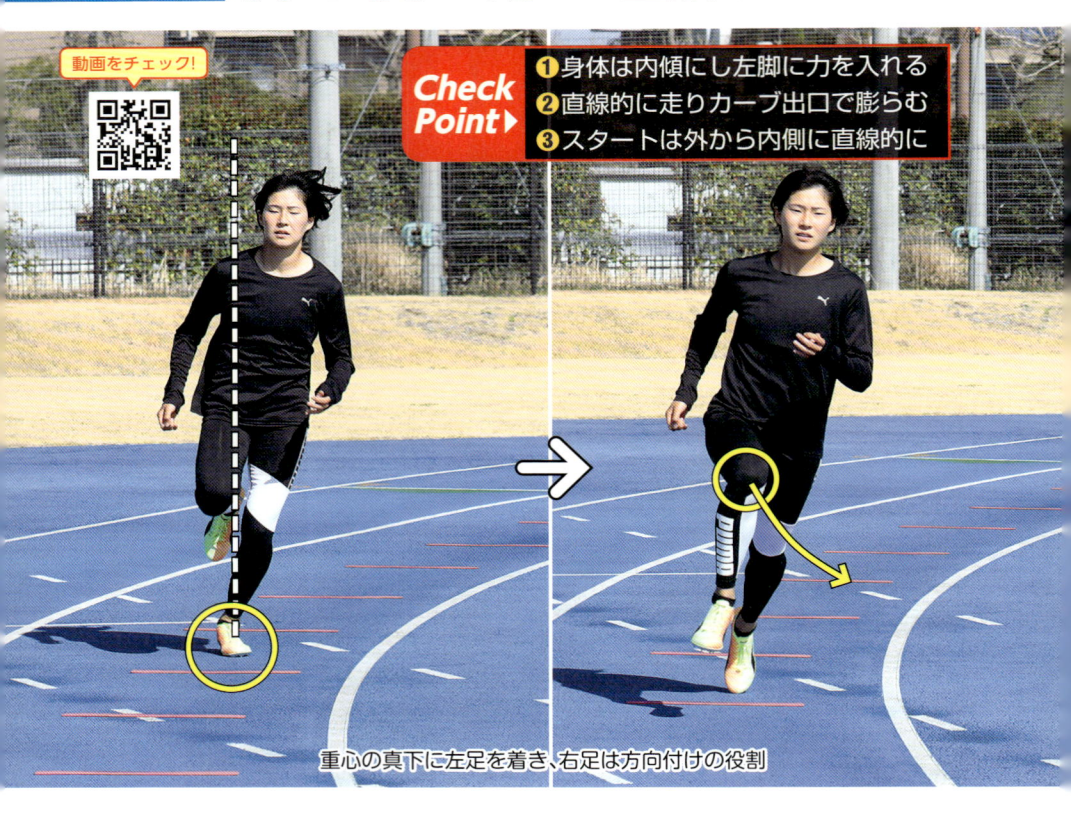

動画をチェック!

Check Point▶
① 身体は内傾にし左脚に力を入れる
② 直線的に走りカーブ出口で膨らむ
③ スタートは外から内側に直線的に

重心の真下に左足を着き、右足は方向付けの役割

重心の下に左足を着き内傾してカーブを走る

200mは直線より長い、120mのカーブの走り方が記録を縮める鍵になる。**身体はやや内側に倒れ、左の肩の上に頭を乗せる感覚で。首だけを横に曲げて倒すのではないので注意。左足が重心の真下にくることで、左足に力が入り地面を蹴りやすくなる。**スピードスケートのコーナーリングを思い浮かべるとわかりやすく、外側の右足は方向づけだけのイメージ。カーブを走っているときは、空中に浮いているときに外側に引っ張られるが、基本的には直線を結ぶイメージで走る。カーブの後半は、レーン内の最短距離を走るように直線的に入り、出口で遠心力も利用し外側に膨らむことで加速しやすくなる。走るコース取りも重要だ。

Point ① 身体は内傾にし 左脚に力を入れる

首や上半身だけを内側に曲げるのではなく、棒が内側に倒れているような内傾をとる。コツは頭を肩の左側に乗せるイメージで走ること。内側の左脚を中心に地面を蹴り、右脚は進みたい方向を定めて着く。左右の役目の違いを理解して走ろう。

Point ② 直線的に走り カーブ出口で膨らむ

急カーブの内側を走り続けたり、大まわりをしてロスしないようにし、レーン内で直線を結ぶように走るとスピードが出やすい。出口は急カーブに合わせずに、遠心力も利用し外側に膨らむ。スティックを置いて、コースの目安をつくると走りやすい。

Point ③ スタートは外から 内側に直線的に

スタートは、レーンのやや外側から内側に向かって、最短距離を直線的に走る。スタートブロックをセットするときに、レーンと平行して置かず、内側を目指してセットすること。200mは練習のときからいろいろなレーンで試し、感覚をつかんでおこう。

レーンの外側から ラストスパート

プラスワン アドバイス

200mのペース配分はタイプにもよるが95%くらいの力で走り、ゴールで全力を出し切れるのが目安。後半に失速しないためにもカーブ出口で外側に膨らみ、乗ってきたスピードを維持して直線を走りたい。後半は上半身をリラックスして走ろう。

PART 3
コツ24 コーナーの走りを覚え ペース配分を組立てる

Check Point▶
① コーナーの出口は内側から外側に走る
② 前半と後半のタイム差は2秒を目安に
③ 前傾や内傾は意識しすぎない

動画をチェック！

スピードを維持し、コーナー出口は膨らんで走る

前半、後半の200mは 2秒差以内が目安

100mや200mがトップスピードを出し、加速して中盤でスピードのピークがくるのと異なり、400mは全力のトップスピードよりもペース配分が重要。スタートからやや前傾姿勢で加速する局面はあるが、ペースは100mごとの差が大きくならない方が記録が安定する。タイプによって異なるが**前半200mと後半200mの差が2秒以内になることを意識してみよう。コーナーを2度走るので、200mと同様に出口は内側から外側に膨らんで走り、直線へのスピードにつなげる。**走る場所がわかるようにコーナーの出口にスティックを置き、感覚を染み込ませるのもコツ。練習は200mくらいの短いインターバルを組み合わせるのも効果的だ。

Point ① コーナーの出口は 内側から外側に走る

400mはカーブからスタートし、2度コーナーをまわるので、レーン内の走る位置も鍵。レーンのカーブに沿って走らず、コーナー出口では内側から外側にまわり、スピードを落とさず直線にスムーズにつなげる。スティックを置いて位置を確認しよう。

Point ② 前半と後半のタイム差は 2秒を目安に

前半型、後半型などのタイプや試合展開によりペース配分は変わるが、前半と後半の200のタイム差が2秒以内になるのが目安。ラップを意識しよう。練習は200m走り、30秒から1分間の休憩後、さらに200m走るセットが有効。

Point ③ 前傾や内傾は 意識しすぎない

スタートは、レーンのやや外側から内側に向かって、最短距離を直線的に走る。スタートブロックをセットするときに、レーンと平行して置かず、内側を目指してセットすること。200mは練習のときからいろいろなレーンで試し、感覚をつかんでおこう。

最後に全速力を 出し切るイメージで

プラスワンアドバイス

400mは最初から飛ばし過ぎると後半まで走力が維持できず、前半を抑え過ぎてしまってもスピードに乗るのが難しい。練習の中でペースを見つけていこう。スピードを維持しながらも、ラストの50mくらいで全速力を出し切るくらいの展開を考えよう。

PART 3 コツ25 インス&アウス練習で 力まずスピードを維持

Check Point▶
❶力を抜いてもスピードを維持する
❷再びピッチを上げスピードアップ
❸色別のマーカーで距離をわかりやすく

動画をチェック!

力を抜いてもスピードを維持する走りを磨く

力を抜いても スピードを維持する

　インス&アウスの練習は、1本の走りの中で加速してスピードを上げる→維持する(リラックス)→上げる→維持する(リラックス)走りを取り入れるもの。ウェーブ走などとも呼ばれる技術練習だ。スピードの上げ下げの練習をする目的よりも、スピードを上げてから、力を抜いてもスピードを落とさず維持して走れる感覚、その状態から再度スピードアップする感覚を養うことが重要だ。100m中心のスプリンターは、80m〜100mの中でスピードアップ20m、維持15m、アップ20mの組み合わせ。400m中心のロングスプリンターはスピードアップ30m、維持20m、アップ30mで。技術練習は量よりも、集中して2〜3本程度が望ましい。

Point ① 力を抜いても スピードを維持する

ポールやマーカーなどを置いて距離がわかるようにし、30mくらいの加速をした後、さらにスピードを上げ20m、力を抜きスピードは維持したままで15m、再びスピードを上げ20mを走る。力まずにトップスピードを維持できるかがポイント。

Point ② 再びピッチを上げ スピードアップ

インス&アウスは、力を入れずにスピードを維持してから、もう１度スピードアップは図る重要な技術練習。スピードに乗った状態で、さらに足の回転を速め再び加速する。練習を重ねればトップスピードを無理なく維持でき、後半の失速が少なくなる。

Point ③ 色別のマーカーで 距離をわかりやすく

距離を示すのがラインやスティックだと、下を意識してしまいがち。色の着いたマーカーを使えば、遠くからでも判別しやすく、走る妨げにもならない。距離ごとにマーカーの色を変えておくことで、より意識して走りを変えやすくなる。

練習のときから 距離は正確に測ろう

プラスワンアドバイス

走りのインターバルトレーニングや、ハードルなどを使った基礎トレーニングでも、距離の間隔を覚えて、体の動きやペースをつくっていくもの。練習のときから目分量でマークをつけずに、計測器を使って正確な距離間で練習するクセをつけておこう。

PART 3 コツ26 ブロックセットで スタートに差をつける

Check Point▶
1. 直線的に走れるようブロックセット
2. 通過する位置はラインの20cm外側
3. 前傾姿勢から内傾に移行していく

動画をチェック!

10m先のレーンの内側を目指して走る

スタートは直線的に最短距離を走る

コーナーからスタートする200mはスタートが肝心。大まわりせず、スピードに乗れるよう最短距離を直線的に走ろう。そのために**スタートブロックは、カーブのラインに合わせるのではなく、外側から内側に向け斜めにつけ、10m先の内側のラインに向かって走る方向にセットする。** 内側を走ろうとするあまり、レーンのラインを踏んでしまうと失格になってしまうので、実際に走る位置はラインの20cm外側を通過するように。100mと同様にスタート直後は前傾で加速するが、スピードに乗ってきたら前傾よりも内傾を意識しよう。200mはコーナーワークが重要なので、試合前に走るレーンを確認しイメージしておこう。

Point ① 直線的に走れるよう ブロックセット

試合のときも前の走者のセッティングのままにせず、スタートブロックを一度外して、セットし直そう。レーンの外側から内側に斜めにつける。レーンによってカーブの角度が違うので、それぞれのレーンからのスタートを練習しておこう。

Point ② 通過する位置は ラインの20cm外側

スタートから10m先のレーンの内側を目指して走るが、ラインを踏んでしまったり、内側の選手とぶつかることも考えられるので注意。上半身が通る幅を考え、ラインから20cm外側に左足を着くイメージで。目安に人に立ってもらうとわかりやすい。

20cm

Point ③ 前傾姿勢から 内傾に移行していく

スタートは前傾姿勢になるが、コーナーからのスタートなので100mほどの深い前傾をしなくても良い。加速していくと内傾がだんだん大きくなるので、左足を中心に力を入れて蹴り、右足で方向を定めて舵をとるように意識する。

走る位置の確認にも スティックを活用

プラスワンアドバイス

スティックはストライドの矯正や距離を示すためなどにも使えるが、レーン内のコース取りの練習にも活用できる。200mの直線的なスタートやコーナー出口の外側への膨らみ方を身につけるために、スティックでコースの道筋をつくり、走ってみよう。

PART 3 コツ27 200mの練習の走りを本番の400mで生かす

Check Point▶
① 長めの距離で持久力を養う練習
② 200mの「前半走」で400mの展開を意識する
③ 距離の変化で走練習サイクルをつくる

動画をチェック!

前半と後半の200mのタイム差の少ないペースで

練習の200mは 400m前半のつもりで

　400mの試合のときは前半200mと後半200mのタイム差が2秒以内を目指すのがベスト。練習のときからペース配分を意識して走ろう。400mより長い距離で持久力を養う場合は、選手が力を出し切る具合の「努力度」を少なくし、距離は1.2倍の500mくらいまでで練習する。力を入れて走りスピードを磨く場合は、距離を短くする。200mを走る場合は、200mで走りを止めずに、その後も力を抜いて惰性で50mを走り、400m通過点を意識して走るとイメージしやすい。400mの前半を走る気持ちで練習しよう。**本来の走る距離を変え、試合で期待がもてるように長い距離で持久力を養う、短い距離で全力出す、変化をつけるのがポイント**だ。

Point ① 長めの距離で 持久力を養う練習

400mなら、1.2～3倍の距離を目安に500m前後の距離で練習をする。距離を長くし、努力度を低くするが、後半に失速しないように最後までスピードをキープしよう。500mだけのタイムではなく、中間のタイムも意識し全体のペースを考えて走ろう。

Point ② 200mの「前半走」で 400mの展開を意識する

力を出し切るスピード練習は400mより短い距離を走る。200mの「前半走」を取り入れるのも有効。400mの試合の前半を走るイメージで200mを走り、そのまま惰性でリラックスして250m地点まで流す。試合のペース配分を意識して走ろう。

Point ③ 距離の変化で 走練習サイクルをつくる

スプリント練習の基本は「ゆらぎ」といわれるサイクルが基本。スピード練習で短い距離を走った翌日は、長めの距離を走り込み、翌日はウエイトトレーニングなどを中心に、筋力アップや体力全般を向上させる基礎トレーニングなどで3日間で構成する。

効率の良い 3勤1休の練習を

プラスワン アドバイス

練習の基本は3日練習して1日休む、3勤1休が基本。疲れが残っていないときは、アクティブレストとして少し身体をほぐす程度に練習し、疲れを抜こう。追い込んで走った翌日の休みは完全休養に。1週間に1回は完全休養をし、身体を回復させよう。

PART 3 コツ28 練習は個々に合った テーラーメイドメニューで

本数だけでなく、練習内容も個々に合わせよう

特性や個性にあった メニューを考える

ひとむかし前までは、集団で同じ準備体操をし、基礎練習やスピード練習なども同じ内容、本数で行うのが主流であったが、個人の能力やタイプに合った練習をすることが最も長所が伸びる。個人のタイムや、照準を合わせている試合が違うだけでなく、**それぞれの筋力や柔軟性、性格も異なるので、監督とコーチと相談して自分に合ったメニューを組むこと。**例えば静的ストレッチが苦手な選手なら、ドリルに近いダイナミックストレッチだけでも良い。メニューが決まっていても、その日の体調に合わせて適宜変えていこう。

Point 1 不調や違和感は 早めの相談を

あらかじめ全体メニューが決まっていると、体調不良や身体の違和感などを訴えて休みにくいこともあるだろう。不調や脚の痛みだけでなく、心配事があり身が入らないことも。大きな故障やスランプになる前に相談し、個別のメニューで対応しよう。

PART 4

走力アップの
マル秘
トレーニング

PART 4 コツ29 ダイナミックストレッチで速い動きの準備をする

ストレッチ 1 股関節まわしウォーキング

ヒザとツマ先をまっすぐにして片脚を前に出し、後ろの脚を外側からまわすように上げ、前にまっすぐに出して着く。この左右の繰り返しで歩いていく。ヒザは身体の真横を通し、できるだけ腰の高さより上を目指そう。

トレーニングのポイント

ヒザを上げるときに外側に向ける。手も使ってバランスを取り、上半身はまっすぐ前に。

ストレッチ 2 振り込みラウンジ

片脚を前、後ろに振り上げ、軸足のカカトが上がるくらいの反動をつけ、もう1度前に振り上げてから足を前に出して着く。ヒザを曲げ腰も落とし、両手をヒザに着いて股関節まわりを伸ばす。前に進みながら左右交互に行う。

トレーニングのポイント

モモからヒザが地面と水平になるくらいまで上げて、着地は足裏全体でしっかり着く。

静的ストレッチだけでなく、スプリントの動きを取り入れたアクティブなストレッチが有効。==柔軟性を高め、動きの可能域を広げる意味もあるが、スプリントの速さに対応する筋肉や関節を準備していくことが目的。==10m程度の距離で歩きながら、4種目前後を目安に。

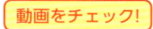

動画をチェック！

ストレッチ 3　大腿後面・臀部ストレッチ

片足を一足長分くらい前に出して着きツマ先を上げ、腕を下げて両手で前の足首を触る。後ろ脚のヒザを軽く曲げ、前足をなるべく伸ばす。大殿筋やモモの裏側のストレッチを意識し、左右交互に前に進んでいく。

トレーニングのポイント

首も下に倒し、上半身はリラックスして行うが、背筋が猫背にならないように。

ストレッチ 4　ワニ歩き

腕立て伏せの状態で、手の近くの位置に片足を出しワニのような歩き方で前に進む。足を前に出すときは、地面に着かないようにし外側からまわす。足を前に出したらヒザより低い位置に肩を入れ、深く沈む。

トレーニングのポイント

腰が高く上がらないようにし身体が地面と平行になるように。バランスを取って進む。

PART 4
コツ30 股関節の大きな動きを身につける

ハードル1 前またぎ歩き

ハードルを60cm間隔で並べ、1台ずつまたいで歩く。身体の軸がぶれないように。ハードル競技の姿勢でまたがず、ヒザを曲げてできるだけ高く上げ、足首も曲げ大きくまたごう。着地のときはヒザもツマ先もまっすぐに。

トレーニングのポイント

左右のヒザの高さが同じになるように。手も使って身体のバランスを取りスムーズに。

ハードルドリルは、スプリントの動きの中でも**_股関節の大きな動きを身につける役割が大きい。_**走るときの力の入れ方やリズムを連続で発揮できるようにトレーニングする。主に脚の大きな回転を心掛けることで、身体全体でバランスを取るコーディネーションになる。

動画をチェック！

ハードル 2　後ろまたぎ歩き

ハードルまたぎを後ろ向きで行う。後ろに脚を出すにはしっかりとヒザを前に上げてから、横に出さないとハードルに脚が当たってしまう。軸足は地面と垂直にしてまっすぐ立ち、股関節を使って大きく足を上げる。

トレーニングの　ポイント

両手を横に開き、足の先が手に着くくらいがベスト。後ろを振り返らずに後進しよう。

PART 4 コツ30 股関節の大きな動きを身につける

ハードル3　横向きリズム上げ

ハードルと平行に立ち、横向きのままハードルを片足ずつまたいで進む。足を上げるときは軽く反動をつけ、カカトが浮くくらいに上に伸びてからまたぐ。上げる脚と反対の腕をしっかりと引き上げる。軸がぶれないように。

トレーニングのポイント

腰を反って後ろ体重にならないようにし、上げる方のヒザを曲げてしっかり引きつける。

動画をチェック!

ハードル 4　横からのクロスステップ

50cm

ハードルの50cm横に立ち、進行方向に向かって後ろ側の脚を上げてハードルを越し、腰をひねって前側に着地する。着いた足でステップを踏み、振り上げた足は後ろに軽く着いて、クロスステップから振り上げる。

トレーニングのポイント

連続動作を意識してステップしながら、リズム良く行う。左右両方の向きで行う。

ハードル 5　ツーステップ（70cm間隔）

ハードル1（P64）のまたぐ要領にリズムをつけ、インターバルのときに軸足で軽く2回ステップを踏み、またいでいく。またぐときには軽く上に跳ね、ハードルを越したら着地の前にヒザとツマ先を正面にして着地する。

トレーニングのポイント

軽くジャンプし、前に乗り込む体重移動を意識しながら、まっすぐに着地する。

PART 4 コツ31 走りの細かいポイントをドリルで身につける

スプリントドリル 1　キックからの引きつけ

トレーニングのポイント

片足が接地したらキックし、カカトをお尻の下の方に直線的に引きつけるイメージですばやく引きつける。ゆっくりと走り引きつけながら前に進む。脚が後ろにながれないように素早く引きつけて前に進んでいく。

接地のときはヒザを曲げずに、しっかりと地面をとらえ、すばやくキックする。

スプリントドリル 2　乗り込みドリル

トレーニングのポイント

軽いモモ上げから前に進むが、ヒザを上げる練習ではなく、軸足の接地のときに力を入れ、前に体重移動することを意識するドリルだ。腰やヒザが曲がって重心が低くならないように注意。腕振りとのタイミングを合わせる。

足裏全体で接地し、しっかりと軸足に体重をかけて乗り込むことを意識する。

ドリルはスプリントの動きの細かい部分のポイントごとに磨く「分習法」の技術練習。**加速やトップスピード時など、それぞれの局面での身体の動きを正確に身につける。**力の入りやすい接地の仕方や乗り込みの体重移動などドリルで感覚をマスターしよう。

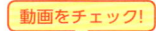

スプリントドリル 3　ツースキップ

トレーニングのポイント

ツースキップを踏みながら、2回目のステップでヒザからモモが地面と垂直になるくらいまで上げ、リズム良く進む。ヒザを上げるときは軸足のヒザの横にくるぶしが来る位置まで引き上げる。左右の脚に差が出ないように。

上半身が前傾になったり、軸足が斜めにならないように。走りにつなぐことを意識して。

スプリントドリル 4　ステップモモ上げ

トレーニングのポイント

弾みながらゆっくりとジョギングをするスピードで、1,2,3のタイミングをとって3歩目の足を上げ、左右交互に行いながら進む。背筋を伸ばし走るときの正しい姿勢を意識して、3歩目にアクセントを置いて上げる。

身体がぶれないように、軸足でしっかり支えて引き上げる。両脚同じリズムで行う。

PART 4 コツ32 ミニハードルを使い 接地のとらえ方を覚える

ミニハードル 1　片足強調

ハードルは3足長間隔で10台置き、インターバルは2歩で、片方の脚だけに強くアクセントを置いてヒザを引き上げてハードルを越す。軸足に体重を乗せてしっかり引き上げる。1本終わったら反対の脚も行う。

トレーニングのポイント

腰を反ったり後傾にならないように。片足だけを連続して行うことで意識が高まる。

　小さなジャンプや走る動作の中で使うミニハードルは、**接地のときに腰や上半身と連動させて1本の軸になる感覚や、接地のときの地面のとらえ方、その反発力も使って前に足を出す動作などが確認しやすい。**高さ10~20ｃｍのミニハードルドリルを取り入れよう。

動画をチェック！

ミニハードル 2　交互動作

　ハードル間を5足長で、インターバルを3歩にし、ハードルをまたぐ足を交互にして越えていく。片足だけ強調した1の動きの感覚があるうちに両足交互で行い、どちらの脚もしっかり接地と引き上げが強くできるように。

トレーニングの ポイント

着地の接地はヒザを伸ばし、体はまっすぐに。ハードルに近いところから3歩で進む。

PART 4
コツ32
ミニハードルを使い接地のとらえ方を覚える

ミニハードル 3　走りながら片足強調

インターバルを6.5mにしハードル間を4歩で走り、同じ方の脚でハードルをまたぐ。水平方向に走りながら、片足強調を再現できるかがポイント。ハードルの上で跳び上がらずに、意識しながらも駆け抜ける。

トレーニングのポイント

アクセントはつけるが、走るフォームがハードル上もインターバルも変わらないように。

動画をチェック!

ミニハードル **4** ハードル&スティック

3足長にミニハードルを6台置き、その奥にスティックを6本、その後ろに4台のミニハードルを配置する。高、低、高とポイントが変化するが、走りが同じになるように。これまでの動きをトータル的に復習して走る。

トレーニングの ポイント

スティックのところもヒザの引き上げでは地面のとらえを強調し、ドリルから走りにつなげる。

PART 4 コツ33 ストライドとリズムの変化で走りの幅を広げる

動画をチェック!

Check Point▶
❶ 180cmの間隔でスピードに乗り走る
❷ 190cmの間隔に変え通常のフォームで走る
❸ スティックの中抜きで調整力を高める

スティックを使ってストライドの調整をしよう

スティック走でリズムの幅を広げる

スティックは走路に順に並べ、足を着く地点の目安にしストライドの調整などに使う。ドリルの最後の微調整など、パフォーマンスの仕上げに用いると理想のフォームに近づきやすい。ドリルだけでなく、通常の走りの途中に置いて調整することもできる。たとえば疲労でストラ

イドが短くなりやすい選手の意識を高めたり、ピッチが落ちてきたときにストライドを一定に保って刻むことで調整することができる。**個人のストライドを矯正する意味合いより、自分と違ったストライドで走ることで別のリズムが養われ、走りの幅が広がるメリットがある。**通常のストライドの間隔より、短め、長めとトレーニングによって変えていこう。

Point ① 180cmの間隔で スピードに乗り走る

スティックを180cmの等間隔に20本置き、手前で10m程度走りそのままスティックに合わせて足を着き、走り抜ける。スピードに乗ってくると間隔がつまり、自然とヒザが上がったり、ピッチが速まったり違うリズムが生まれる。上半身力まずに。

Point ② 190cmの間隔に変え 通常のフォームで走る

スティックは1回のトレーニングで間隔を変えて走りの違いを理解するのも大切。ポイント1の要領で190cmの間隔にし走り抜ける。ストライドの短い選手はしっかりと地面を蹴りストライドを意識するようになる。フォームを崩さずに走ろう。

Point ③ スティックの中抜きで 調整力を高める

180cmの間隔に置き、中間で4本分のスティックを抜く。スティックのない部分もストライドを保ちながら走り、また奥のスティックの間隔に合わせる。中間だけ抜くことで、矯正しなくても、自分で一定のストライドを保てるように意識しやすくなる。

フォームを崩さず 自分の走りをまとめる

プラスワン アドバイス

スティック走はリズムやピッチをつくって調整する練習だ。ドリルの最後にまとめ、スプリント練習に移行するとスムーズ。ストライドばかりを気にしてフォームが崩れては仕上げにならないので、自分の走りの中でストライドだけ対応していこう。

PART 4
コツ34 ふだん以上のスピードを体感し再現性を利用する

腰からワイヤーで引っ張られることでスピードが増す

能力以上のスピードの再現性を高める

「トーイング」とは陸上競技用の牽引マシーンで、一定の力で均一に引っ張り、足を止めたところで自動停止する機能がある。チューブを腰に巻き引っ張ってもらうトレーニングもあるが速度が一定では

ないので充分に注意が必要。メリットは**自分の持っている以上のピッチやストライドで走ることができ、スピードを体感できること。身体にその感覚が馴染むと再現しやすくなる。**試合の1週間前程度に2~3本行い、スピードを身につける。

Point 1 安全とスピード フォームも確認する

ベルトを腰に巻いたら、スタート位置に着いて走路の安全やスピードを確認してから、パートナーにスイッチ入れてもらい行おう。スピードに負け、走りが崩れないように。自分の走りの中でピッチとストライドが上がる感覚を身体で覚えておこう。

PART 5

スプリンターのための基礎トレーニング

PART 5 コツ35 チューブトレーニングで コアを確実に鍛える

トレーニング1 サイドウォーク

チューブはヒザのやや上に通し、足は肩幅よりやや広めに開いて、軽くヒザを曲げる。手を顔の前で合わせて胸を張る。片足を真横に出して大きく開き、残りの足も追うように着き、15歩横歩きをしていこう。

トレーニングのポイント

ヒザを内側に寄せずに真横に移動する。ツマ先とヒザはやや外側を向ける。（2セット）

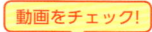

　チューブの収縮性を利用するトレーニングは、アウター筋肉を鍛えやすいウエイトトレーニング対し、体幹などのインナーマッスルを集中して鍛えられる。スプリントに必要な体幹と上半身、下半身の連動がよりスムーズにできるよう、コーディネーションしよう。

トレーニング2　踏み替え

チューブを足首の上にかけ、足は肩幅に開き、両手は腰にあてヒザを軽く曲げる。背筋を伸ばし、身体がぶれないようにし、片脚を地面から5cm程度上げ3秒キープする。足を替え、左右交互に10回ずつ行う。

トレーニングのポイント

胸を張り、腰を入れてやや前傾で。腰を反ったり、ぐらついたりしないように。（2セット）

トレーニング3　ハーキー（その場足踏み）

チューブを足首よりよりやや上にかけ、足は肩幅より広めに開く。両手を腰にあて、腰を入れて背筋を伸ばしやや前傾に。ヒザを軽く曲げ、カカトが数cm浮く程度に小刻みに速く足踏みを繰り返す。20秒連続して行う。

トレーニングのポイント

頭と腰の位置は動かさず、左右に上半身が傾かないようにし小刻みに動かす。（2セット）

PART 5　コツ35　チューブトレーニングで　コアを確実に鍛える

トレーニング 4　ヒザツイスト

トレーニングのポイント

チューブをヒザのやや上にかけ、足は肩幅くらいに開く。片足をツマ先中心の軸にしてヒザを内側へひねり、内側から外側にひねったところで3秒間キープする。身体全体をひねらないように。両脚10回ずつ行う。

背筋はまっすぐに。上半身や動かさない方のヒザが、つられて回らないように。（2セット）

トレーニング 5　前後スプリット

トレーニングのポイント

チューブを足首のやや上にかけ、脚を前後に開き、後ろ足をさらに1足長後ろに着く。前のヒザは曲げ、後ろに出すときはカカトも地面に着ける。リズム良く15回踏み込み、左右行う。お尻が突き出ないように姿勢をつくる。

足は内側、外側に浮かないよう、ツマ先もまっすぐにして後ろに着く。（2セット）

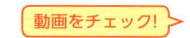 動画をチェック!

トレーニング 6　中殿筋（お尻）1

横向きに寝て、上側の手で地面を押さえてバランスをとる。チューブを足首にかけ、ヒザは伸ばし上側の足を上方に上げる。上げた状態で1秒止める。戻すときは足を閉じるまで下ろさず、15回続ける。左右行う。

トレーニングの ポイント

上側の足はほんの少し後ろに出し、ツマ先をわずかに下に向けて動かす。（2セット）

PART 5
コツ35
チューブトレーニングで コアを確実に鍛える

トレーニング7　中殿筋（お尻）2

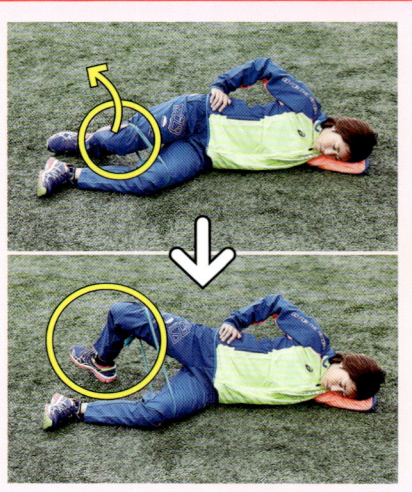

横向きになりヒザを軽く曲げ、上側の足は後方にずらし、カカトを地面に着ける。ヒザを立てるようにしてモモにかけたチューブを、後方に広げる。上に広げたところで1秒止め、同じリズムで15回続ける。左右両方行う。

トレーニングのポイント

ツマ先を外側にして開く。上側の手は骨盤に置き動きを感じながら行う。（2セット）

トレーニング8　バックキック

四つ這いになり、足首にチューブをかけ、片方の足の裏でチューブを引っ張るようにし、片脚を後方に蹴る。後ろ足が地面と水平になるまで押し出す。上で1秒止め、ヒザを地面の近くまで戻して15回繰り返す。

トレーニングのポイント

上げる脚はヒザが伸び切るまで上げる。戻すときは地面に着かないように。（2セット）

動画をチェック!

トレーニング9　腹筋＋腸腰筋

仰向けに寝て両脚のヒザが直角になるように浮かせる。足首にチューブをかけ、片脚のヒザを伸ばす。その状態で1秒止め、戻して15回繰り返す。上半身と下半身をつなぐ腸腰筋などの体幹を意識し身体がぶれないように。

トレーニングのポイント

上半身が左右に動いたり、直角に曲げているヒザが伸びたりしないように。(2セット)

トレーニング10　腹筋＋開脚

仰向けになりカカトを地面から浮かす。足首にチューブをかけ真横に足を開く。両手をお腹の上に置き腹筋を意識しながら、チューブが張った状態で10秒間キープする。ツマ先は上に向け、少し開き気味でキープする。

トレーニングのポイント

アゴを引いて腹筋を見るつもりで行うとやりやすい。ヒザはできるだけ伸ばす。(2セット)

PART 5 コツ36 プライオメトリクスで神経経路を活性化する

トレーニング1 ミニハードル両足ジャンプ

ミニハードルを40cm間隔で10台並べ、両脚でジャンプしながら前に進んでいく。ヒザを使って踏み切るのではなく、全身を棒のように固めて弾む。脳天に衝撃がくるようなイメージで。テンポ良く連続ジャンプをする。

トレーニングのポイント

両腕の引き上げも使い、ハードルの真ん中の位置を跳ぶ。片足着地にならないように。

プライオメトリクスとは、伸ばした筋肉をすぐに収縮させるSSC（ストレッチ・ショートニング・サイクル）運動で、神経回路を活性化し、筋肉の素早い反応スピードやパワーの向上を図ることができる。スプリントには欠かせない要素なので練習に取り入れよう。

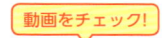

トレーニング 2　ミニハードル片足ジャンプ

　1と同じ要領で、片足ジャンプでハードルを越していく。ヒザや腰が落ちてつぶれないように気をつける。足裏全体を着くが、ベタッと着いてゆっくり踏み込まないように。空中で身体がねじれないようにしよう。

トレーニングのポイント

片脚でバランスをとる。ツマ先はまっすぐにし、ヒザを下ろさないようにキープする。

PART 5 コツ36 プライオメトリクスで神経経路を活性化する

トレーニング3 ミニハードルポップコーンジャンプ

1のように両足でハードルを跳び越し、着地したら片脚を引き上げて跳び、また着地のときは両足で着く。左右の脚を交互に上げて進む。着地と同時に足を素早く引き上げるのではなく、しっかり着いてから、すぐに上げる。

トレーニングのポイント

着地のときはヒザを伸ばして両足で。片脚のヒザを曲げて、上半身が傾かないように跳ぶ。

動画をチェック!

トレーニング4 ボックス開脚ジャンプ

トレーニングのポイント

20〜40cmくらいのボックスを肩幅よりやや広めに配置し、足を開いて乗る。両脚で地面に着き、後ろから前への腕の振り込みも使ってジャンプし台に戻る。身体の軸をまっすぐにし、10回開脚ジャンプを繰り返す。

左右の足が前後にならないように。ヒザを深く曲げず、腕の振りも使い真上に跳ぶ。

トレーニング5 ハードルジャンプ

トレーニングのポイント

ハードルの高さはヒザから腰の間の60cmにセットし、インターバルは50cmで5台並べる。両脚ジャンプでハードルを飛び越す。高さがあるが、ミニハードルのときの感覚を忘れずに、腕の振り上げも使って跳ぶ。

空中でなるべく足が開かないように。上半身がぶれず肩が地面と水平になるようにしよう。

PART 5 コツ37 メディシンボールで基礎体力と体幹を鍛える

基礎編 1 直上投げ

足を肩幅より大きく開き、両手でボールの下側を支えしゃがむようにして反動をつけて真上に投げて、取る。投げるときと同じ形になるようにヒザを曲げながらキャッチする。投げるときは背筋を伸ばして上を向こう。（10回）

トレーニングのポイント

上半身が後傾や前傾しないようにし、まっすぐ上に投げる。慣れてきたら高く上げよう。

メディシンボールを使って、通常の運動で使いにくい体幹の筋肉に働きかけることができる。大きなボールを投げる、取る動きで、上半身や体幹、下半身と連動させ、バランス良く全身をトレーニングできる。ボールの重さは2~3kgが目安。

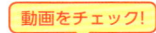

基礎編 2　前方スロー＆ラン

基本的には1と同じ投げ方で前方向へボールを投げる。開いた両脚の間にボールを引いてから、前に飛ばす。背筋も使い、投げる方向に向かって身体ごと前に出し軽く走る。出るときは立ち幅跳びのようなイメージで。（10回）

トレーニングのポイント

前傾でボールの方向に足を出して走る。パートナーと姿勢を確認しながら行おう。

PART 5 コツ37 メディシンボールで基礎体力と体幹を鍛える

基礎編 3 バックスロー

肩まわりや肩甲骨、背筋など上半身の後面を使って、後ろ向きに投げる。両足を開いた状態で投げ、ボールを放したときから4、5歩後ろに下がる。首を後ろに返したり腰を反らず、背筋をまっすぐにして投げる。（10回）

トレーニングのポイント

前から見ても、後ろから見ても左右均等に体を使い、投げ終わったと同時に後ろに下がる。

動画をチェック!

基礎編 4 オーバーヘッドスロー

パートナーと向かい合い、頭の上から投げ、肩まわりや肩甲骨、背筋など上半身の後ろ側を使って投げ合う。ヒジを上げたときに肩からヒジがなるべく地面と垂直で、ヒジから手の先を後ろに振りかぶって投げる。（10回）

トレーニングの ポイント

左右の手の高さを同じにしボールを飛ばす。キャッチするときもオーバーヘッドで。

PART 5
コツ38

メディシンボールで
筋力アップにつなげる

応用編 1 ヒザ立ちオーバーヘッドスロー

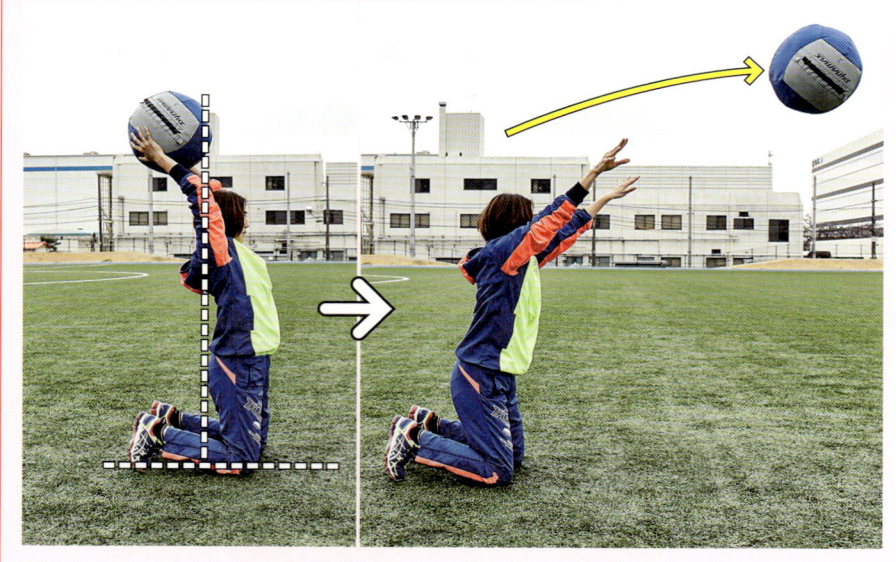

パートナーと2mくらいの距離をとり、ヒザを立てた姿勢でオーバーヘッドで投げ合う。足が使えないのでより強度が増す。キャッチするときも、ボールを手ではさみ、ヒジはなるべく伸ばす。腰を曲げないように。（15回）

トレーニングの ポイント

投げるときもキャッチするときもヒジを曲げないこと。相手の頭の上を目指して投げる。

基礎編を習得したら、体幹を主とした筋力アップに応用しよう

動画をチェック！

応用編 2　はさみ上げ下げ

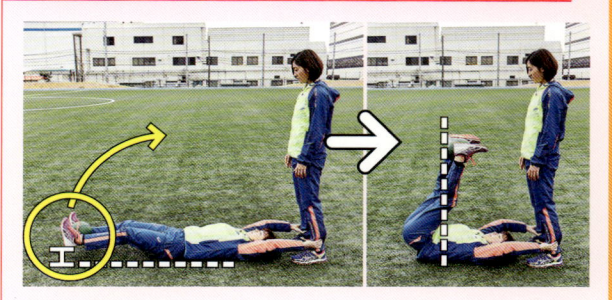

トレーニングのポイント

仰向けで寝て、両手でパートナーの足をつかむ。足首よりやや上にボールを挟んでカカトを浮かし、ヒザをのばしたまま腹筋を使って足が地面と垂直になるまで上げる。ゆっくり地面に着かない程度に下ろし、繰り返す。（15回）

ボールが重い場合は、挟まずに行い正しい姿勢でできるようになってからボールを使おう。

応用編 3　サイド腹筋

トレーニングのポイント

パートナーの前で、横向きに体育座りをし、腹筋を使ってお尻でバランスをとり、カカトを浮かす。パートナーに身体の外側に、軽くボールを投げてもらい腹筋の横でキャッチして投げ返す。腹斜筋を意識しよう。（15回）

アゴを引き上半身を起こして背中やカカトが地面に着かないように。腹筋をしっかり使おう。

PART 5 コツ38 メディシンボールで筋力アップにつなげる

応用編 4 腹筋キャッチ&スロー

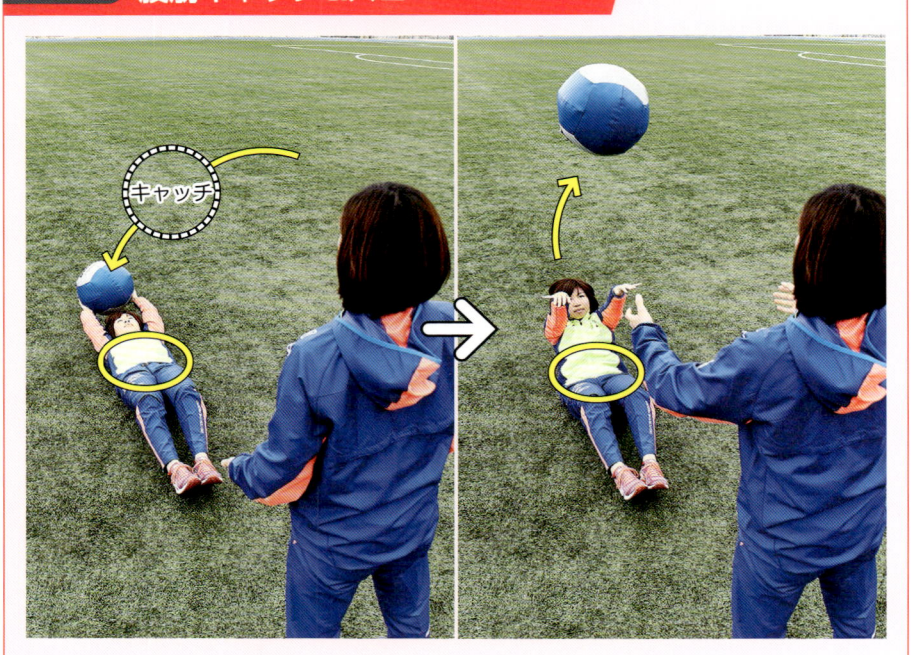

腹筋の姿勢をつくり両手を上げる。パートナーは立った状態からボールを手に向かって投げる。ボールをキャッチしながら上半身を後ろ倒し、頭やボールが地面に着かない程度で起き上がりながらボールを返す。（15回）

トレーニングのポイント

身体を倒すときはアゴを引き頭が地面に着かない程度。起き上がる反動を使い投げる。

動画をチェック！

応用編 5　ラウンジウォークオーバーヘッド

片脚を前に踏み出すラウンジの姿勢から交互に足を出し進む。両腕を上に伸ばしボールを持ったまま行う。ツマ先やヒザの方向をまっすぐに、しっかりと腰を入れて落とす。ボールが左右に揺れないように。（15歩）

トレーニングのポイント

足をまっすぐに出し、ボールを持っている手が揺れたり蛇行しないように歩こう。

応用編 6　ラウンジウォークサイド

胸の高さにボールを持ち、ラウンジの姿勢から前に出したときに、前足側のお尻の横あたりまでボールを動かす。反対側も同じように行う。体幹の軸を意識して左右に揺れないように。内転筋や腹斜筋も使う。（15歩）

トレーニングのポイント

いちど胸の辺りまでボールを戻し、踏み込むときに腕だけ動かし、下半身は安定させる。

PART 5 コツ39 鉄棒で身体全体のコーディネーションする

鉄棒 1　懸垂

順手で鉄棒をつかみ、できるだけヒジを横に開かないようにして腕を曲げて身体を引き上げる。鉄棒の上にアゴが出るように。ゆっくり腕を伸ばして戻す。身体を前後に揺らし、反動をつけて上がらないように。（10回）

トレーニングのポイント

腕を曲げているときもワキを閉め、ヒジを開かないように。身体を1本の棒のようにする。

鉄棒 2　懸垂逆上がり

懸垂で身体を引き上げた状態から、ヒザを曲げて脚を鉄棒に近づけてから、鉄棒の上側を目指してヒザを伸ばして逆上がりをする。また鉄棒の下にぶら下がり、懸垂から逆上がりをしてまわる。体幹もしっかり使う（5回）

トレーニングのポイント

ワキを閉めて腕を曲げている状態で、身体を鉄棒に引きつけてから逆上がりをしてまわる。

鉄棒は握力や腕の力を使ってぶら下がったり身体を回転させたりするが、体幹や下半身の筋力、連動して動かすタイミングも重要。鉄棒の持ち方や種目によって、背中などの身体の背面も鍛えやすい。瞬発力や平衡感覚も養い、全身をコーディネーションしよう。

動画をチェック！

鉄棒 3　背筋懸垂

トレーニングのポイント

パートナーに補助をしてもらい、首の後ろに鉄棒がくるように背中側で懸垂をする。上下せずにヒジを曲げた状態で5秒間静止する。肩甲骨のまわりを意識しながら引き上げる。ゆっくりとヒジを伸ばして下りる。（5秒）

補助をするときは、足首を曲げた状態でカカト側から足の裏を両手で持って支える。

鉄棒 4　腹筋サイドまたぎ

トレーニングのポイント

鉄棒にぶらさがり、ヒザをのばしたまま脚を90度くらいまで上げる。その位置にパートナーの頭が来るように立ってもらい、ぶら下がった姿勢から、足で頭を横にまたぐ。腹筋で足を上げ左右交互に行う。（左右5回）

ヒザはなるべく伸ばし、しっかりと脚を上に引き上げてからパートナーの頭を越す。

ウエイトトレーニングで筋力アップを図る

トレーニング1 ハイクリーン

背筋を伸ばし前かがみになり、肩幅でシャフトを持つ。真上にジャンプしながら、伸ばしている腕を返し肩の高さまでシャフトを上げる。シャフトは身体の近くを通して真上に上げる。ゆっくり元に戻す。（写真は40kg）

トレーニングのポイント

どちらの姿勢も背筋を伸ばす。キック力を養い、体幹や背中も使う全身運動になる。

トレーニング2 スナッチ

ハイクリーンで身体の近くから真上に上げた流れで、そのまま一気にシャフトを頭の上まで上げ、ヒジを伸ばす。引き上げながら手首を返す。元に戻して繰り返す。瞬発力や力の出し方タイミングを養おう。（写真は30kg）

トレーニングのポイント

左右のヒザの高さが同じになるように。手も使って身体のバランスを取りスムーズに。

シャフトを使い、モノを使って身体に予期せぬ負荷をかけることで筋肉の増強を目指す。マシーントレーニングと違い、自分でバランスを取る感覚を養え、左右の筋力の違いなどに気づきやすい。5〜12回×2〜3セットとし、週2、3回を目安に取り入れよう。

トレーニング3 ステップアップス

トレーニングのポイント

肩の上にシャフトを担ぐ。30cmくらいの台の上に片足を着いて乗り上げ、反対側の脚を引き上げる。このときに軸足のヒザは伸ばす。上げた足を下ろし、台の下で足を入れ替えて逆側と交互に行う。(写真は20kg)

軸足のツマ先はまっすぐにし胸を張る。スタートの1歩目の踏み込んで蹴る動作に生きる。

トレーニング4 片脚スクワット

トレーニングのポイント

肩の上にシャフトを担ぎ、脚を前後に開き後ろ足はカカトを上げ台の上に乗せる。前脚のヒザを90度になるまで曲げ、片脚でスクワットを行う。片脚の場合は両足に比べモモの後ろ、お尻の筋肉を鍛えやすい。(写真は30kg)

胸を張り顔は正面に向ける。前脚も後ろ脚も外股や内股にならずまっすぐに着くこと。

PART 5　コツ40　ウエイトトレーニングで筋力アップを図る

トレーニング5　両脚スクワット

足は肩幅よりやや広めにし、肩の上にシャフトを担ぎ、ヒザを曲げてスクワットをする。胸を張って背筋を伸ばし、お尻は後ろにやや突き出すイメージ。スプリントに必要なモモの前側やハムストリングを鍛える。（写真は40kg）

トレーニングのポイント

猫背や後ろ体重にならないようバランスを取る。補助が横につきキャッチできるように。

トレーニング6　片脚ハイクリーン

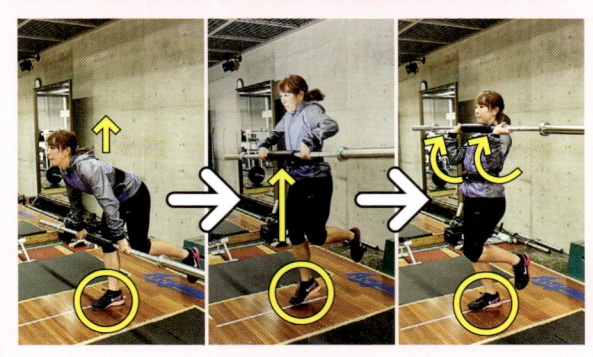

1のハイクリーンを軸足1本にし片脚で行う。片脚のヒザを曲げ、シャフトをヒザの下まで下ろしてから、身体の近くを通して引き上げ、腕を返し肩の高さまで上げる。前後、左右のバランスをしっかり取ろう。（写真は15kg）

トレーニングのポイント

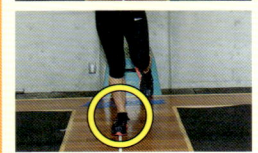

足裏をしっかりつけ左右のバランスを取ろう。片脚ずつ行うことでよりキック力が養える。

トレーニング 7　アームカール

肩幅よりやや広めにシャフトを逆手で持ち、ヒジを曲げて胸の上までシャフトを持ち上げ、ゆっくり戻す。上半身が前のめりになったり、反動を使って上げないように。手首を内や外に返さないこと。（写真は20kg）

トレーニングのポイント

腰を反らず、身体はまっすぐにして腕の力で上げる。腕振りのスピードに生かせる。

トレーニング 8　バックプレス

肩幅よりやや広めにシャフトを持ち、首の後ろ側に担いでヒジを伸ばして上下運動させる。ヒジが前や後ろに突き出ないように真上、真下に動かす。下ろすときは肩甲骨を寄せるイメージで背筋を意識する。（写真は15kg）

トレーニングのポイント

下を向いたり、背中が丸まらないようにし胸を張る。腕振りの広い可動域につながる。

PART 5 コツ40 ウエイトトレーニングで筋力アップを図る

トレーニング9 アップライトローイング

トレーニングのポイント

拳1つ分を空けてシャフトを持ち、ヒジを上に引き上げながら手がアゴの下にくるまで上げる。肩も使ってしっかり引き上げ、ゆっくり下ろして繰り返す。僧帽筋や三角筋肉など背中や肩まわりに集中する。（写真は15kg）

腕振りの支点となる筋肉を強化できる。腰を反らさずヒジから上げることを意識する。

トレーニング10 ベンチプレス

トレーニングのポイント

足を床に着け、ベンチに仰向けになる。シャフトを肩幅よりやや広めに持ち、胸の上でヒジを真下に下ろすようにし、上下に動かす。背中を反ったり、手首を返しすぎないように。同じリズムで繰り返す。（写真は20kg）

胸の上の位置でシャフトが傾かないように水平に上げ下げする。大胸筋や腕の補強になる。

PART 5 コツ41 体幹の基礎、腹筋、背筋でケガを予防する

自分の体重やダンベルを使って腹筋、背筋を行う

基礎となる筋力は地道にコツコツと

体幹の根幹ともいえる腹筋、背筋はどんな動きでも使う、基礎的な筋肉。体幹をつくる上で欠かせず、土台の筋肉がしっかりしていればケガも少なくなる。腹筋や背筋は比較的、回復の早い筋肉な

ので毎日の補強に取り入れても良い。10回3セットが目安だが、いろいろなやり方があるので、スタイルや負荷は自分で調整して日々の練習に取り入れよう。

Point 1 正しいフォームで基礎的筋力をつくる

筋力トレーニングの基本は、動きが左右対称でダンベルやバーベルが水平になること。毎日積み重ねるものは、どちらかに傾くクセが着くと直すのが難しく、筋力も偏りがち。鏡やパートナーに見てもらい確認し、正しいフォームで練習を積み重ねよう。

PART 5 コツ42 静的ストレッチングで身体のケアをする

静的ストレッチング 1　股わり

座ってヒザを内側に曲げて足の裏を合わる。股関節を伸ばしながらゆっくりと上半身を前に倒す。できるだけヒザが地面から浮かないように。スタート時から背筋を伸ばし、手も頭の上に伸ばして倒す。

静的ストレッチング 2　股関節、大殿筋

座った状態で脚を前後に開脚するが、前足はヒザの外側を地面に着けて90度くらいに曲げ、後ろ脚は足の内側を地面に着けて伸ばす。反対側の手で足を押さえながら上半身を前に倒す。左右両方行う。

静的ストレッチング 3　ももの外側、大殿筋

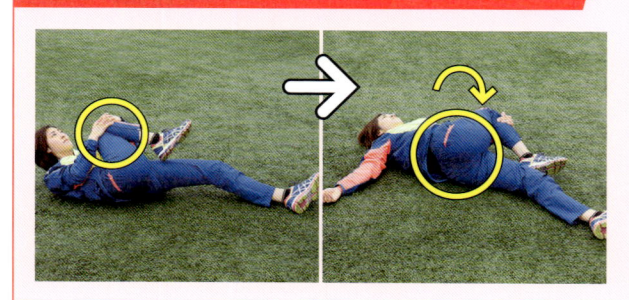

仰向けで寝て片方のヒザを曲げ、胸の前で両手で押さえて抱える。曲げている足と反対側の手でヒザの下を持ち、下半身をひねって地面に倒す。上半身の肩が浮かないように。腰まわりやお尻、大殿筋を伸ばす。

静的ストレッチングは、動きながらのダイナミックストレッチングだけでは不十分に感じる部分を伸ばして補ったり、走力練習の疲労軽減やケアのために、クールダウンの中でも行おう。動きながらのストレッチと組み合わせてアップやダウンで取り入れる。

動画をチェック！

静的ストレッチング 4 　腰まわり

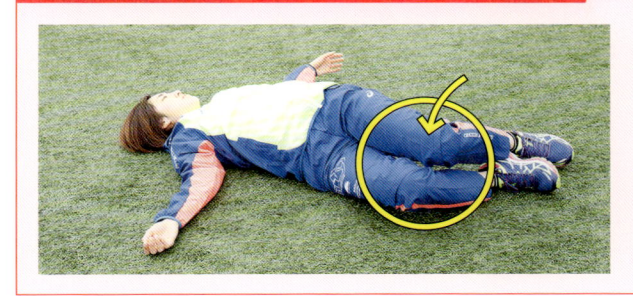

仰向けに寝て両手を横に伸ばし、ヒザを曲げて足の裏を地面につけ、脚をそろえて片側に倒す。倒したときにヒザやモモが地面に着かなくても、骨盤まわりがストレッチされているところまでで良い。

静的ストレッチング 5 　背中

四つ這いになり、手は肩幅よりやや広めにつき、腰を入れてゆっくり背中を反らす。顔は下に向けたまま、手と足の位置を変えずに背中を丸める。キャットアンドドッグといわれるストレッチで背中をほぐす。

静的ストレッチング 6 　足首まわり

脚を前後に開き、後ろの足のツマ先を外に向け、足の内側を地面に着けるようにし伸ばす。さらに前後に脚を大きく開き、ツマ先はまっすぐ前に向け、ヒザを軽く曲げ前脚に体重をかけてアキレス腱まわりを伸ばす。

PART 5 コツ43 スプリントで重要な 股関節の柔軟性を高める

股関節ストレッチング 1　仰向け足上げ

仰向けに寝て、両手を横に伸ばし、ヒザを少しゆるめて曲げ、まっすぐ足先を頭の方へ上げる。内股、外股にならないように。モモの裏も伸びるが、股関節を動かすことを意識して。両脚行う。（10回）

股関節ストレッチング 2　仰向け横倒し

仰向けに寝てヒザを軽く曲げる。片脚を上げゆっくり内側に倒し地面に着いたら、脚を戻してそのまま外側に倒す。動かさない方のヒザも曲がって良い。足首を曲げ、足先がヒザの横の位置にくるように。（10回）

股関節ストレッチング 3　横向きで前後

横向きに寝て、下側の腕は前に出し、脚はヒザを曲げてバランスをとる。上側の足を高く上げた状態で前後にゆっくり振る。ヒザを曲げ大きな動きで。上半身が揺れたり、腰を反らさず、脚だけを動かす。（10回）

スプリントのエネルギーの源ともいえる股関節のストレッチは、エネルギーがヒザや足先に流れやすくなり、接地やキックの力を発揮しやすくなる。可動域が広がることでより大きな力を入れやすく、股関節まわりの柔軟性が高いとケガもしにくくなる。

動画をチェック！

股関節ストレッチング4　横向きで足の開閉

横向きに寝て、両手を身体の前に出し、下側のヒザを軽く曲げて身体を支える。ヒザを伸ばして上側の脚を少し前側に出し、脚の上げ下げをゆっくり繰り返す。足首は曲げ、1回ごとに脚を閉じず休まないで行う。（10回）

股関節ストレッチング5　四つ這いで片足回し

四つ這いになり、片脚を上げ、軽くヒザを曲げ地面に着かないように上下、外側内側に動かし、股関節をほぐす。モモの付け根を支点にヒザで円を描くようにまわす。内、外まわし、両方の脚を行う。（内外計10回）

股関節ストレッチング6　足を踏み出し腰ひねり

足を肩幅より広めにして立ち、腕も使ってツマ先を真横の方向に向け、ヒザを90度に曲げ後ろ脚のヒザが地面に着くまで深く腰を落とす。両手を前足の外側に持っていき、上半身をひねる。両方向交互に。（10回）

PART 5 コツ44 サーキットトレーニングで基礎体力を養成する

サーキットトレーニングメニューイメージ

- 9 スクワット
- 4 バーピー&ジャンプ
- 3 プレート腹筋
- 8 メディシンボール直上投げ
- 2 スナッチ
- 10 V字腹筋
- 1 ハードルジャンプ
- 7 リズムスプリット
- 5 タイヤ押し
- 11 ステップアップス
- 12 懸垂
- 6 ハードルまたぎ越し

筋力トレーニングと有酸素運動を組合わせる

サーキットトレーニングは、筋肉トレーニングと有酸素運動を組み合わせて続けて行うもの。たとえば、スナッチや腕立て伏せなどの筋力トレーニング種目や、タイヤなどを使った体力アップの種目の合間を、100〜150m走ってつなぐような内容。==総合的な基礎体力を向上させる。技術練習の後や、専門練習と別の日に行い、筋持久力を養おう。==オフシーズンの練習に多めに取り入れよう。

Point 1 自分に合うメニューで総合的に体力アップ

サーキットメニューは、12種目の筋力トレーニングを100〜150mくらいの走りでつなぎ、10〜20分を2〜5セットくらい行うのが目安。フォームが崩れたりらくに走れる強度にならないよう、走るスピードや回数、セット数は個人で調整しよう。

テーラー
メイド型の
改善法

選手の分析とアドバイスを
参考にして自分の走りに
生かしてみよう。

PART 6 コツ45 テーラーメイド指導で個人の特性を生かす

Check Point ▶
❶ 個人の特性に合う練習メニューをつくる
❷ 試合日から逆算し練習内容を考える
❸ 質を重視した技術練習で改善する

練習メニューや指導するポイントは個々によって違う

練習メニューや指導する ポイントは個々に違う

古くから部活などでは、ウォームアップから基礎、技術練習まで集団行動で同じ内容のメニューをこなすことが多かったが、選手1人ひとりの特性に見合ったテーラーメイド式の練習で個性や能力をより伸ばしていこう。選手それぞれ、骨格や筋力、柔軟性などが違うことから、力の入れやすさや走るフォームの特徴も異なる。個体差だけではなく、性格や生活環境、体調や目指している試合も違うので、練習の仕方や強度もそれぞれ変わることを理解してメニューを組立てよう。コーチやパートナーに客観的に走りを見てもらうだけでなく、**自分の走りを分析し、自分は何をすれば速くなれるかを指導者とともに考えることが重要だ。**

Point ① 個人の特性に合う 練習メニューをつくる

たとえばトップスピードに上手く乗れない選手は加速走、ストライドの改善をしたいときはスティック走を多く取り入れるなど、指導者と話合いテーマを持ってメニューを組立てよう。アップもストレッチの種目を増やすなど自分なりに準備しよう。

Point ② 試合日から逆算し 練習内容を考える

試合でパフォーマンスがピークになるように、コンディションを整えよう。トーイングなどのスピード練習は試合1週間前が目安。3日前には短い距離で刺激を入れ、前日は軽めにするなど、全体で走る本数を決めるのではなく選手ごと強度が変わる。

Point ③ 質を重視した 技術練習で改善する

メニューの通りただ走るのではなく、なぜ自分にこのメニューが必要なのか考える。とくに技術練習は集中して感覚を磨き、個人によって違う弱点を改善していく。スプリントは人より多く走れば速くなるわけではないので練習の質を上げよう。

個人面談で 部活以外の相談も

プラスワン アドバイス

個人的な悩みやほかの部員がいると、相談しにくいこともあり競技にも影響を及ぼしやすい。テスト勉強との両立や1人暮らしの生活管理の相談も、個人面談でじっくり話し合えると安心だ。話しやすい信頼関係をつくることももちろん大事。

PART 6 コツ46 大きなエンジンを生かし 効率の良い走りを目指す

藤森安奈選手
ふじもりあんな

ベストタイム 100m：11秒68／200m：24秒30

藤森選手の自己分析とステップアップのポイント

考え方やイメージで 大きく走りが変わる

　自分の走りはストライドが広いことが特徴。小学校のときにストライドを伸ばすことを何度も指導され、気をつけているとただストライドだけが伸び、スピードはあまり上がらず、疲れやすくなってしまった経験があります。

　高校では「脚が胸から生えていると思え」と指導され、「自分は足が長いんだ！」と思えるようになり、無理にストライドを伸ばさなくても自然と伸びるようになってきました。上半身も上手く使えるようになりました。腹筋や体幹も大事なことがわかり、筋力トレーニングの重要性も理解できたのです。それから姿勢も良くなり、意識することが増えました。

　ちょっとした考え方やイメージを変えるだけで大きく変わるので、練習の中でもいろいろな発想やイメージを持つことが大事だと思います。

安井監督の分析と改善法

全力のときに動きを変える 技術練習でさらに改善

　藤森選手は、100mの日本代表選手であるように、ある程度完成しているスプリンター。身体全体の筋力が強く、とくに股関節まわりの筋力や柔軟性も高いので、エンジンが大きく馬力がある。実力は基礎的な体力に裏打ちされている。基礎体力はどの動きにも関係し、つながるので、体力のベースアップは必須になる。

　さらに、走っているときの動きをラクに変えることができるのが強み。女子選手には少ないタイプで、たとえば走っているときの足の着き方などを変えるように指摘すると、敏感に反応して微調整することができる。技術練習の合間にポイントを伝えてもすぐに実践できるメリットがある。

　このようにエンジンの大きい選手は、裏を返せば燃費が悪くへばりやすい。力がある分、足が大きく跳ねてしまったり、ストライドが広がりすぎてしまったり、動きが分解してしまうこともある。パワーまかせで効率が悪い走りにならないようにまとめたい。全力で走っているときに動きを変えていけるよう、スティック走やインスアウス練習を取り入れ、効率の良いフォームつくり、改善を目指していく。

　ある程度完成された選手は一つのポイントを改善するというより、それぞれの技術をまんべんなく底上げしていこう。

効果的な練習

スティック走 ▶ コツ33(P74)　　**インスアウス ▶ コツ25**(P54)

PART 6 コツ47 鋭いスタートを武器に安定した走りをつくる

島田沙絵選手
ベストタイム 100m：11秒83／200m：24秒72

島田選手の自己分析とステップアップのポイント

骨盤の動きを意識しスピードにつなげる

スプリントはスタートなど1つの局面で失敗してしまったら、取り戻すのが難しく、完璧を求められる競技だと思っているので、スタートはもちろん、自分の調子や感覚を感じ取って走っています。

骨盤を動かすことを意識した走りが特徴。小学4年生から陸上競技をはじめ、ずっと脚を使うイメージで走ってきましたが、高校生のときに骨盤を使うことを教えられ、ドリルや補強の意識も変わりました。たとえばモモ上げのときもヒザやモモを上に上げるのではなく、骨盤を動かす意識でやると、余計な上方向への力や無駄な疲れがなくなり、スピードにつながってきます。骨盤を前に出す結果、脚がついてくるイメージで走るようになり、高校2年生で急にタイムが伸びました。練習から意識で走ることが大切だと思います。

安井監督の分析と改善法

つらいときこそ質を上げフォームを染み込ませる

　ひと言でいうと、島田選手は天才的な感覚の鋭い選手。スプリンターの切れ味を表現すると「剃刀」。鋭く切れるが薄いので、横から衝撃受けると折れやすいといえる。好条件がそろい、自分が意識している走りができたときには好記録を出す。しかし、雨や向かい風などで自分の思うように走れないときはレースが崩れやすい。感覚は鋭いが、パワーが小さいので、大きなパワーで筋力を出し切れるようになると、どんな条件でも安定して走ることができる。

　島田選手の持ち味は、低い姿勢からのスタート。その後もなめらかな速度曲線

を描き、スタートが良いときは中間、後半もスピードを維持でき、スタートから逃げ切るレースができる。

　どんな条件のときでも後半もスピードに乗った走りができるようになることが課題。シーズンオフはそのための走り込みをしている。「走り込み」は、やみくもに本数を増やすことではなく、全力に近い走りを数本したあとに、もう1、2本増やし、つらいときもフォームを崩さず、理想のフォームを染み込ませる練習。単に量を増やすのではなく、つらいときこそ質を求めることが重要だ。筋力アップとともに鋭いスタートを生かす加速走や、タイムトライアルで全力の中でフォームを意識する練習で改善している。

効果的な練習

加速走 ▶ コツ19（P42）

シャフトを使ったウエイトトレーニング
▶ コツ40（P98）

PART 6 コツ48 前半の速い回転の持ち味を後半まで維持する

杉浦はる香選手
ベストタイム 400m：52秒52／200m：24秒06

杉浦選手の自己分析とステップアップのポイント

試しにチャレンジすると走りの可能性が広がる

　400mは前半に温存して後半に伸ばす人もいますが、私はスタートから全力疾走で思い切り飛ばすタイプです。最後の100mでスパートをかけてがんばろうと思い、前半にスピードを抑えていても最後にスピード乗らなかった経験があります。前半のスピードに関わらず、ラスト100mの疲れ方はあまり変わらないので、前半から思い切りいけるところまでいき

ます。その走り方が正しいというのではなく、前半から全力を出してみたら、タイムが上がる選手もいるかもしれません。

　腕を振ると足も動くので、つらくなったときこそ、脚を動かす意識より、腕振りでリードしています。前半から飛ばすのも1回は試しにやって、いろいろな走りにチャレンジしてみると可能性が広がると思います。

安井監督の分析と改善法

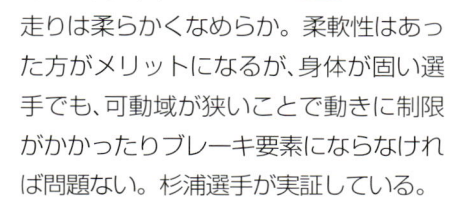

力任せにならないように 速いピッチを続ける

400m専門の杉浦選手は、知らず知らずのうちに速く走るコツを自分に埋め込み、意識していなくてもできる選手。スタートからのピッチの速い回転が自然に身についている。

高校生のときに高校新記録を出したときは、日本の400mの走りを変えたともいわれた。通常の400mのセオリーで200mまでにスピードを乗せ、250mでいったんフロート（力を抜く走り）をして、ラスト150m以降でギアを入れるが、200mを過ぎてもそのまま、スタートの勢いを持続し最後まで走り抜けた。エネルギー効率の良い接地の部分を繰り返し再現できる特徴がある。

杉浦選手は股関節や足首が固いが、走りは柔らかくなめらか。柔軟性はあった方がメリットになるが、身体が固い選手でも、可動域が狭いことで動きに制限がかかったりブレーキ要素にならなければ問題ない。杉浦選手が実証している。

課題は、自分で意識しなくてもできてしまう分、調子が悪く接地の技術ができないときに、無理な足さばきで力まかせに飛ばしてしまうので、後半にバテてしまう。上手く走れたときの意識を確立していくことも必要。

練習では短い距離を全力で数本走るほかに、努力度を下げて長く走りながら、持ち味の回転の良さがラストまで続けられるよう、意識して改善していく。

効果的な練習

400mの強化練習 ▶ コツ27 (P58)

スプリントドリル ▶ コツ31 (P68)

PART 6 コツ49 ハイブリッド式の バトンパスで個を生かす

Check Point▶
❶ パスの方法は選手の特徴を考慮する
❷ 走者を変更するときは全体を組み直す
❸ パスのタイミングを選手同士で話し合う

リレーはバトンパスのタイミングでタイムが大きく変わる

青山学院大学式 リレー戦略①

　青山学院ではテーラーメイド型のリレーをいち早く取り入れている。チームの方針により、アンダーハンドパスやオーバーハンドパスで統一していることが多いが、**選手のスピードタイプ、走順によって、アンダーとオーバーを交えて取り入れている。**走順も、誰かが試合に出られなくなったときに、その走者の代わりに控え選手が入ることがセオリーだったが、メンバーが変われば前後の走者の走力が変わることを考え、全体の走順も入れ替えて対応している。選手間によって、アンダー、オーバーも変わってくる。基本は最も走力のある人が長い距離を走り、コーナーの走りの得意、不得意も考慮する。

Point ① パスの方法は選手の特徴を考慮する

チームによってバトンパスの方法を決めて同じ練習をするのではなく、走者によって対応しよう。オーバーハンドは1m20cm程度の利得距離があるが、前の走者が肩関節が固いと腕を上げにくかったり、加速しにくいなどの弱点もあるので考慮しよう。

Point ② 走者を変更するときは全体を組み直す

走者の代わりに、控え選手が必ずその走順に入るとは限らない。加速力を配慮したり、走力のある選手が長い距離を走れるようにバトンをもらう位置も調整し、全体の組み換えを考える。ふだんから、それぞれのパターンで練習しておくことが大切。

Point ③ パスのタイミングを選手同士で話し合う

2走以降の選手は、バトンゾーンの手前にある、ブルーゾーンで待機し助走をつけることができる。前走者とコミュニケーションをとり、スタートを切る位置を話し合う。その日の調子によっても変わるのでお互いしっかりと把握しておこう。

どちらもできるように練習しておく

プラスワンアドバイス

選手の特徴や前後の走者の走力の関係で向いているやり方はあるが、チームや走者が変わることも考え、直線、コーナーでの受け渡し、アンダー、オーバーパスと練習のときから対応しておこう。急なメンバー変更でも慌てないように準備しておこう。

PART 6 コツ50 利得距離や確実性を考えパスの仕方を変える

動画をチェック!

Check Point▶
1. オーバーハンドで利得距離を生かす
2. アンダーハンドで確実にしっかり渡す
3. アンダーハンドパスは手のひらを合わせる

手の長さだけオーバーハンドパスは利得距離が生れる

青山学院大学式 リレー戦略②

バトンパスは2種類の方法がある。どちらにもメリットとリスクがあるので、前後の走者の走力を考えて選択していこう。バトンをもらう走者が後ろに高く手を上げ、バトンを上から渡すオーバーハンドパスは、両方の走者の手の長さとバトンの長さで1m20cmの利得距離が生れる。後ろに高く手を上げることで、加速がしにくい選手がいたり、オーバーゾーンや空振りのリスクも高いので練習を重ねよう。一方、低い位置でバトンを下から出して渡すアンダーハンドパスは、日本代表のリレーチームが採用しているように確実性が高い。選手同士の距離が近いので、前の走者がしっかり加速しスピードに乗れる位置で渡そう。

Point ① オーバーハンドで利得距離を生かす

前の走者は肩の高さくらいまで後ろに手を上げ、親指と人差し指の間を開く。渡す走者はバトンがなるべく縦になるようにし押し出すようにバトンを渡す。離れてしまうとオーバーゾーンの危険性が高いので後半もスピードを持続させて渡したい。

Point ② アンダーハンドで確実にしっかり渡す

アンダーハンドパスは、前の走者がお尻の近くで後ろに手を出し、走者が近づいた位置で下からバトンを出して渡す。バトンの先を渡すのではなくバトンを握っている近くで渡す。距離がつまってしまったときは、脚がぶつからないように注意。

Point ③ アンダーハンドパスは手のひらを合わせる

バトンを渡す方は手のひらを上に向け、もらう方は手のひらを下に向け、親指と人差し指の間を空ける。お互いの手のひらを合わせるようにして渡す。もらう方はしっかり加速し、お尻の横かすぐ後ろくらいの身体に近い位置で確実にバトンパスをする。

掛け声を決め確実に渡るように

プラスワンアドバイス

20mのバトンゾーンから出てしまうとオーバーゾーンで失格になってしまう。バトンを渡すときは掛け声をかけ、タイミングが早くなったり、遅くなってしまったときも渡す方の走者が声を出して指示する。練習のときから掛け声を決めておくと明確だ。

EXTRA PART スプリントQ&A

Q. スパイクの選び方のコツは？

A. 試し履きをし自分に合った、オールウェザー対応スパイクを選ぶ

専門種目が決まっていない選手やビギナーはまずはオールラウンド用スパイクにしよう。土グランド用のアンツーカーと、全天候トラックのオールウェザー用のスパイクもあるが、練習トラックが土の場合も、オールウェザーとアンツーカー兼用のスパイクで普段からなじませ、ピンを替えて試合に対応しよう。競技場の規定で種目により、ピンの長さが制限されているので注意が必要。

足のサイズにフィットするものを選ぶが、スパイクの種類によって幅や甲の高さが違うので、試合用の靴下を着用し、必ず両足を試し履きして選ぼう。

ヒモの通し方は、動きが激しいスプリントの場合、穴の上から下へ通すオーバーラップの方がゆるみにくく向いている。ベルト式でよりホールドされやすいものもあるので、自分の感覚にあうものを選ぼう。

Q. 練習アイテムは使った方が良い？

A. 練習の効率化やバリエーションのために 工夫してアイテムを使いこなそう

スプリントは生身の身体だけで競うものだが、練習のときは効率を上げ、質の良いトレーニングをするためにも陸上競技用のアイテムを利用しよう。

各コツで紹介したように、ハードルやミニハードルの練習は、またぐ動作や連続ジャンプの繰り返しで筋肉の反応スピードが養われたり、メディシンボールトレーニングは体幹やそれぞれの筋肉との連動が鍛えられたりと意味がある。

トーイングのマシーンがなければ下り坂や追い風を利用して練習したり、ミニハードルはプラスティック製の管で、メディシンボールは砂袋などで代用できることもある。工夫して取り入れてみよう。

ストレッチをするときは、補助の役目をするストレッチポールなどもあると便利。アイテムを使いこなすと練習のバリエーションが広がる。スポーツ用品店などで購入できる。

EXTRA PART スプリントQ&A

Q. アップやダウンはどのくらいやるもの？

A. 調子や感覚をつかみながら 身体がほぐれようにじっくり行う

　身体を動かす準備のウォーミングアップ、疲労を残さないためにゆるやかな刺激を入れるクールダウンは必ず行う。20分くらいが目安だが、あくまでも目安で個人によって変えていこう。股関節を充分に使う選手なら、全体のウォーミングアップが始まる前に、ダイナミックストレッチや静的ストレッチを行っておくなど、自分で調整する。身体がほぐれ温まる時間も選手によって違うので、長めに

ゆっくりジョグをしたり、寒い時期はウインドブレーカーを着用してアップをするなど体調にも合わせよう。

　土トラックや芝生がある場合は、反発力の少ない土や芝生で行い、筋肉疲労をためないように。アップはリラックスしながらも、自分の調子や感覚を確認することも大事な作業。身体に張りがないか、違和感のあるときには早めに指導者に相談し、メニューを考え直そう。

 食事はどんなところに気をつけるべき？

A. バランスの良い食事で身体をつくり 試合前は揚げ物を控えよう

スプリントは女子選手でもしっかりとした筋力やエネルギー源が必要なので、タンパク質や炭水化物、調子を整えるといわれるビタミン群のミネラルもバランス良く摂ろう。20歳前後から脂肪を蓄えやすい時期があるが、栄養バランスが偏るような無理なダイエットはせず、太りやすい時期があることを把握して、オーバー気味のときは食事の量や揚げ物を少し控えるなど、できる範囲で調整する。

試合の前日や当日に揚げ物を摂取すると内臓に負担がかかるので、控えよう。試合のときは2時間より前を目安に軽く食べる。エネルギーに変わりやすい炭水化物や、バナナなど消化の良いものが好ましい。練習や試合で筋肉を使ったあとは、筋肉をつくるのに役立つタンパク質を摂ることをおすすめする。プロテインや大豆食品など、動物性以外のものでも摂ることができる。

監 修

青山学院大学陸上競技部
副部長・短距離ブロック総監督

安井 年文（やすい としふみ）

1967年2月7日生まれ。広島県出身。
筑波大学大学院修了。修士（体育学）、コミュニティ人間科学部教授。
1991〜1997年、青山学院大学陸上競技部コーチ。1997〜1999年、筑波大学陸上競技部アシスタントコーチ。1999年から青山学院大学陸上競技部就任。日本陸上競技連盟強化委員情報・戦略スタッフ。2007、2013〜2017年ユニバーシアード日本代表コーチ、2019〜2023年日本代表監督。日本学生陸上競技連合理事、関東学生陸上競技連盟副会長。日本スプリント学会副会長としてスプリントの実践と理論の確立を展開。

青山学院大学陸上競技部
短距離ブロック
監督
（えんどう としのり）
遠藤 俊典

1979年4月2日生まれ。静岡県出身。筑波大学体育専門群卒、筑波大学大学院修了。博士（体育科学）。2009年より青山学院大学社会情報学部、短距離ブロックに着任。現在、社会情報学部教授、短距離ブロック監督。日本陸上競技連盟強化委員会トラック&フィールドコーディネーター、日本オリンピック委員会強化スタッフ。日本スプリント学会事務局長・常任理事。

青山学院大学陸上競技部
短距離ブロック
コーチ
（たはら ようすけ）
田原 陽介

1982年6月23日生まれ。新潟県出身。筑波大学体育専門学群卒、筑波大学大学院修了。修士（体育学）。2020年度より青山学院大学コミュニティ人間科学部准教授、短距離ブロックのコーチに就任。日本オリンピック委員会強化スタッフ（マネジメント）、日本スプリント学会理事。

青山学院大学陸上競技部
短距離ブロック
アシスタントコーチ
（いぬい りょうすけ）
犬井 亮介

1995年9月8日生まれ。滋賀県出身。筑波大学体育専門学群卒、筑波大学大学院修了。修士（体育学）。青山学院大学教育人間科学部助手。2019〜2021年、筑波大学陸上競技部コーチアシスタント。2021年より青山学院大学陸上競技部短距離ブロックのアシスタントコーチに就任。

●青山学院大学陸上競技部　近年の主な実績

2023年	FISUユニバーシティゲームズ　女子100m日本代表、4×100mR(4走) 4位／日本選手権　400mH 第4位
	日本選手権リレー　4×400mR 第4位／日本インカレ　100mH 準優勝　400mH 第5位／
	関東インカレ　400m 第3位、100mH 第3位、400mH 優勝、4×100mR 第3位、4×400mR 優勝
2024年	日本選手権　4×100mR 優勝／日本インカレ　女子100m 優勝、女子200m 3位、女子4×100mR 準優勝／
	関東インカレ100m 優勝、女子200m 3位、女子4×100mR 優勝

2021 モデル選手　青山学院大学陸上競技部　PROFILE

中尾　あゆみ
なか　お　　　　　

2000年12月14日生まれ。
西城陽高校卒業、京都府出身
コミュニティ人間科学部卒
【専門種目：PB】
100mH：13秒35　400mH：59秒51
【主な実績】[2019年]U20日本選手権
400mH第6位／[2020年]日本インカ
レ100mH第6位／日本選手権リレー
4×400mR（3走）第3位　[2021年]日
本インカレ100mH第4位

髙島　咲季
たかしま　さき

2002年2月18日生まれ
相洋高校卒業、神奈川県出身
コミュニティ人間科学部卒
【専門種目：PB】
200m：23秒76　400m：53秒31
【主な実績】[2019年]アジアユース400m
優勝／日本選手権400m第2位／世界陸上日
本代表男女混合4×400mR（4走）[2020年]
日本インカレ400m優勝 4x400mR（4走）優
勝／日本選手権400m第3位　[2021年]日本
インカレ 400m優勝4x400mR（4走）第3位

長﨑　さゆり
ながさき

2001年8月15日生まれ
島根県立大社高校卒業、島根県出身
社会情報学部卒
【専門種目：PB】
100mH：13秒32
【主な実績】[2017年]アジアユース陸上選
手権大会準優勝　[2019年]沖縄インターハ
イ100mH準優勝　[2020年]U20日本選手権
100mH第3位　[2022年]日本インカレ100mH
第4位　[2023年]日本インカレ 100mH準優勝
／関東インカレ　100mH第3位

2015 モデル選手

藤森　安奈
ふじもり　あんな

1994年11月10日生まれ。
東京高校卒業、神奈川県出身
教育人間科学部卒
【専門種目：PB】
100m：11秒68　200m：24秒30
【主な実績】[2013年]日本選手権100
m第5位／日本学生個人100m優勝／
アジア選手権 日本代表4×100m（4
走）銀メダル　[2014年]日本学生個
人100m優勝 2連覇／日本インカレ
100m優勝／日本インカレ4×100mR
（4走）優勝　2014年ナショナルリ
レーチーム（4×100mR）メンバー

島田　沙絵
しまだ　さえ

1994年10月26日生まれ
長崎南高校卒業、長崎県出身
教育人間科学部卒
【専門種目：PB】
100m：11秒83　200m：24秒72
【主な実績】[2012年]日本ジュニア
100m第3位　[2013年]関東インカレ
100m第4位／関東インカレ4×100
m、R（4走）優勝　[2014年]関東イ
ンカレ4×100mR（2走）優勝／日本
選手権100m 第6位／日本インカレ4
×100mR（2走）優勝／日本選手権
リレー4×100mR（2走）第2位

杉浦　はる香
すぎうら　か

1995年6月8日生まれ
浜松市立高校卒業、静岡県出身
経済学部卒
【専門種目：PB】
400m：52秒52　200m：24秒06
【主な実績】[2013年]日本選手権
400m優勝／高校総体400m、優勝／東
京国体400m 優勝　[2014年]アジア
ジュニア400m第2位、2014年ナショ
ナルリレーチーム（4×400mR）メン
バー、2014年アジアジュニア日本代
表、日本高校記録、日本ジュニア記録
保持者

安井 麻里花（やすい まりか）

2003年5月2日生まれ。
相洋高校卒業、神奈川県出身
教育人間科学部
【専門種目：PB】
100mH：13秒43
【主な実績】[2019年]日本選手権リレー4×400mR(3走)準優勝　[2021年]福井インターハイ　4×400mR(4走)優勝　[2024年]日本インカレ100mH第5位／関東インカレ100mH第3位

倉橋 美穂（くらはし みほ）

2004年1月12日生まれ
中京大中京高校卒業、愛知県出身
社会情報学部
【専門種目：PB】
100m：11秒76　200m：24秒20
【主な実績】[2022年]関東インカレ4×100mR(3走)準優勝　[2023年]関東インカレ200m3位、4×100mR(3走)3位　[2024年]日本選手権リレー4×100mR(1走)優勝／日本インカレ4×100mR(1走)準優勝／関東インカレ4×100mR(1走)優勝

●STAFF

編　集	桐生由美子
撮　影	内山政彦　曽田英介　上重泰秀
執　筆	山口愛愛
デザイン・DTP	森陽介（SUNWOODS DESIGN）
編集協力	株式会社ギグ

動画付き改訂版 陸上競技 スプリント 走りが変わる最強のコツ50

2024 年 12 月 20 日　第 1 版・第 1 刷発行

監　修	安井 年文（やすい としふみ）
発行者	株式会社メイツユニバーサルコンテンツ
	代表者　大羽 孝志
	〒102-0093 東京都千代田区平河町一丁目1-8
印　刷	株式会社厚徳社

ご意見・ご感想はホームページから承っております。
ウェブサイト　https://www.mates-publishing.co.jp/

企画担当：千代 寧

> ※本書は2021年発行の『走り』が変わる! 陸上競技 スプリント 最強のコツ50 新装版』を元に加筆・修正を行い、動画の追加、書名・装丁を変更して新たに発行したものです。